我国法律框架下男女平等研究

马慧 著

WOGUO FALÜ KUANGJIA XIA NANNÜ PINGDENG YANJIU

中国政法大学出版社

2022·北京

声　　明　　1. 版权所有，侵权必究。
　　　　　　2. 如有缺页、倒装问题，由出版社负责退换。

图书在版编目（ＣＩＰ）数据

我国法律框架下男女平等研究/马慧著.—北京：中国政法大学出版社，2022.6
ISBN 978-7-5764-0502-6

Ⅰ.①我… Ⅱ.①马… Ⅲ.①男女平等－法律－研究－中国 Ⅳ.①D923.84

中国版本图书馆 CIP 数据核字(2022)第 102467 号

出 版 者	中国政法大学出版社
地　　址	北京市海淀区西土城路 25 号
邮寄地址	北京 100088 信箱 8034 分箱　邮编 100088
网　　址	http://www.cuplpress.com（网络实名：中国政法大学出版社）
电　　话	010-58908586（编辑部）58908334（邮购部）
编辑邮箱	zhengfadch@126.com
承　　印	固安华明印业有限公司
开　　本	880mm×1230mm　1/32
印　　张	8.5
字　　数	290 千字
版　　次	2022 年 6 月第 1 版
印　　次	2022 年 6 月第 1 次印刷
定　　价	49.00 元

PREFACE
序　言

关注男女平等基本国策源于一个契机。2013年5月，辽宁省妇联联合省委组织部、省委党校下发了《关于开展男女平等基本国策"进党校""进高校"活动的通知》（以下简称《通知》）。依据《通知》规定，各级妇联应当联合当地党校、高校，推动男女平等基本国策长期、可持续地纳入干部培训课程体系。要做到"四确保"，即确保有课程设置，确保有宣传教材，确保有专兼职教师，确保有科研活动。因本人在党校从事法律教学工作，对妇女权益保障相关立法较为熟悉，且身为女性对宣传男女平等基本国策有义不容辞的责任，于是欣然领命。

在接下来的几年中，除了男女平等基本国策之外，不断加强与本地妇联的合作，在全市各级妇联、各企事业单位、社区、街道等开展包括《妇女权益保障法》《未成年人保护法》《婚姻法》《辽宁省反家庭暴力条例》（彼时《反家庭暴力法》尚未出台）等公益讲座。同时也加强了与妇联的科研合作，撰写多篇关于妇女权益维护的理论文章，承接多项科研课题，对我国男女平等基本国策的贯彻落实和妇女权益保护的状况有了较深入了解。

在宣讲过程中，我收到各种反馈意见，引人思考。有领导干部提出妇女从家庭走向社会,确实为社会发展注入新的活力,为社会建设做出巨大贡献,现在中国妇女已经实现了彻底的解放,家庭中都是女同志说了算,在社会上也是巾帼不让须眉,男女平等的目标已经实现,男士甚至在某些方面沦为弱势群体,没有必要再强调男女平等。也有人质疑女性在权利面前就呼唤平等,而在责任和义务面前就呼吁要特殊照顾女性,这种"双标"的做法,造成了对男性的不平等。有人附议既然强调男女平等就应该真正做到男女都一样,各自凭实力说话,不能搞特殊照顾。有人则因为我宣讲男女平等基本国策,强调保障妇女权益,便简单粗暴地给我扣上了女权主义者的大帽子。鉴于种种争议不断,让我更加关注法律层面的男女平等问题。

毋庸置疑,我国的妇女人权保障工作已经取得了辉煌成就。中国共产党作为执政党,始终重视加强对促进性别平等和妇女事业发展的领导,坚持男女平等的政治主张,将"坚持男女平等基本国策,保障妇女儿童合法权益"写十八大、十九大报告,成为新时代中国共产党施政纲领、治国理念和执政方略的重要组成部分。十八届四中全会通过的《关于全面推进依法治国若干重大问题的决定》明确提出要完善保护妇女合法权益的法律法规。目前,我国已经建立起以《宪法》为核心,以《妇女权益保障法》《民法典》《反家庭暴力法》《刑法》等基本法律为主体,包括100多部法律法规及政策文件在内的保障妇女合法权益的法律法规体系,为促进男女平等和妇女全面发展构筑了坚固的法律屏障,促使男女平等基本国策在全面依法治国的各个领域得到贯彻。

受经济社会发展水平和历史文化等因素影响,我国性别平等和妇女发展依然面临诸多问题。从妇女全面发展的结果来看,妇女在经济、政治、文化、环境等领域的发展依然不平衡不充分，歧视妇女的观念和行为在许多方面依然存在；城乡之间、区域之间、不同群体之间妇女发展依然不均衡，农村留守妇女、女童和城市流动妇女、女童权益保障问题日益突出；经济发展新常态背景下产业升级、产业结构调整和全面两孩政策的实行等给妇女公平劳动权带来新挑战，妇女特别是灵活就业妇女所应享有的社会保险待遇还有待提高，妇女参与社会管理和公共决策程度有待进一步提升，等等。伴随社会的进步与发展，男女平等及妇女权益保障还会有更多新矛盾和新问题反映出来，从法律赋予的男女平等到事实上的男女平等依然任重而道远。

  本书以现有的法律法规体系为基础，研究我国男女平等法律框架的现状与不足，对性别平等与妇女权益保障在立法与实践领域存在的问题展开分析，透视性别不平等背后的社会和法律原因，具体提出完善男女平等、促进妇女全面发展的相关立法、执法、司法的思路和对策。希望理论界与各实践部门对于男女平等及妇女权益保障问题有更多关注，凝聚社会合力，积极消除阻碍因素，为男女平等及妇女全面发展赋权和增加机会，推动实现实质性的性别平等。囿于能力水平及资料的局限，本书对很多具体的理论和实际问题研究难免粗浅，所涉及的范围也属挂一漏万。不足之处，敬请各位读者批评指正！

马　慧

2022年5月3日

目 录

第一章　我国男女平等的法律溯源 \ 1

我国男女平等原则的法律保障及对策 \ 3

妇女平等权益的宪法保护 \ 23

法理学视角下性别平等法律制度的立法完善 \ 42

第二章　婚姻家庭领域的男女平等 \ 67

《民法典》对男女平等的考量与阐释 \ 69

离婚女性权益保障的现状与对策 \ 89

《反家庭暴力法》视域下的女性权益维护 \ 110

第三章　社会经济领域的男女平等 \ 137

《劳动法》视域下社会性别平等问题 \ 139

我国教育性别平等的状况与对策分析

——以《义务教育法》的法律实施为视角 \ 163

女性参与公共事务管理的困境与对策分析 \ 184

第四章　男女平等的法律救济 \ 199

《妇女权益保障法》的文本分析与立法启示 \ 201

完善救济制度，切实保障女性权益

——综论性别平等之保障与救济 \ 219

女性继承人的法律救济制度研究 \ 240

参考文献 \ 256

我国法律框架下男女平等研究
woguo falü kuangjia xia nannü pingdeng yanjiu

第一章 我国男女平等的法律溯源

我国男女平等原则的法律保障及对策

马克思曾经指出,"社会的进步可以用女性(丑的也包括在内)的社会地位来精确地衡量"[1]。当代女性地位提高,男女两性从不平等到趋向平等,是社会文明和进步的重要标志,也是现代法治国家的基本要求。

我国目前已经建立起以《宪法》[2]为核心,包括《妇女权益保障法》《反家庭暴力法》《民法典》等法律法规以及国际条约在内的一整套保障妇女权益的法律体系,对于保障妇女权益,进一步促进男女平等,实现国家法治的发展,发挥了重要作用。但是,反观我国现行立法和司法实践,我国法律在男女平等权益保障方面依然存在一定局限,有待进一步完善。笔者从我国立法和司法实践中所存在的男女平等权益保障方面的问题出发,通过对法律、法规中有关内容进行梳理,整合法律资源,提出改进的对策和建议,探寻实现男女平等的有效途径。

---

[1]《马克思恩格斯选集》(第4卷),人民出版社1995年版,第586页。
[2]《宪法》即《中华人民共和国宪法》,为表述方便,本书涉及我国法律直接使用简称,省去"中华人民共和国"字样,全书统一,后不赘述。

一、男女平等的概述

（一）男女平等的现实意义

1. 促进社会和谐

构建和谐社会一直是党和人民不懈追求的社会理想。社会和谐稳定程度是衡量社会发展水平的重要尺度之一，也是国家得以长治久安的基础所在，这要求我们尽可能促进社会公正、消除社会歧视，努力使社会中各主体之间达到和谐状态。实现男女平等意味着男性和女性可以各自发挥所长，平等参加劳动、创造社会财富，也意味着有越来越多的女性可以加入公共管理领域，社会活力将显著提升。男女平等也是实现家庭和谐幸福的必要前提。倘若无法实现男女平等，女性所具备的能力将无法得到充分发挥，社会成员之间的资源分配和利益归属将会呈现不公平、不协调的状况，甚至会导致社会关系紧张。男性和女性都是社会成员，都应当为建设和谐社会贡献力量，也都有权享受和谐社会带来的成果。

2. 推动社会进步

女性是社会当中不可缺少的重要组成部分，并且女性群体占据了我国人口总量的一半之多。无数的历史经验证明，在国家、社会发展的过程中不可忽视女性所产生的作用，女性和一个国家的命运息息相关，"妇女能顶半边天"这句口号经过了历史实践的验证。实现男女平等，有利于革新社会观念、充分发展生产力。毋庸置疑的是，女性为推动社会进步贡献了非常重要的力量，倘若社会发展的成果不能被女性所享有，显然是不公平的，也是不可持续的。只有保障男女平等，保障社会发展的成果被男女平等地共享，才能实现良性循环，推动社会的不断进步。

（二）男女平等的含义

在我国，男女平等作为一项原则和社会价值目标，早已经被社会广泛接受并成为共识，但对于如何定义男女平等，尚存在不同的理解。有人从权利平等的角度理解男女平等，有人提出男女平等应当是指男女两性机会平等，也有人强调男女平等应当是结果平等。一种比较普遍的定义方式是依据我国《宪法》第48条第1款规定："中华人民共和国妇女在政治的、经济的、文化的、社会的和家庭的生活等各方面享有同男子平等的权利。"有学者依据此条款定义男女平等是指男女两性在政治、经济、文化、社会、家庭生活等各方面享有平等的权利。[1]这一定义强调男女平等的核心是两性在法律上享有平等的权利和地位，承担同等的责任，不应因性别不同而有所差异；同时强调男女平等具有广泛的范围，包含政治、经济、文化、社会、家庭生活等各方面。另一种比较多见的定义方式是以1975年第一次世界妇女大会上通过的《关于妇女的平等地位和她们对发展与和平的贡献的宣言》（简称《墨西哥宣言》）[2]为依据，根据《墨西哥宣言》中对于男女平等的定义，提出男女平等是指男女两性的人格、尊严和价值的平等以及男女权利、机会和责任的平等。[3]

笔者认为，男女平等的概念至少应当包含两个方面内容：一方面是将男女平等作为一种价值观念，即无论男性还是女性

---

[1] 侯秀娟："多视角考察男女平等的实现程度"，载《中国妇运》2002年第12期。

[2] "关于世界妇女大会的有关资料"，载《北京支部生活》1995年第3期。

[3] 秦国涛："走出'男女平等'的误区"，载《中国妇运》2003年第6期。

的人生都同等重要，应该受到同样的尊重和对待，不应该因为性别而受到歧视和偏见；另一方面是对男女平等的内涵与外延的概括，即男女两性在社会和家庭生活等各领域中享有的权利、机会、责任和评价的平等。我国《宪法》既明确表达了男女平等的内涵，同时也阐明了男女平等的外延，应当视为对男女平等的最好概括。

（三）男女平等的法理分析

1. 普遍人性说

该学说主张，无论男性女性，他们都包含一个根本的社会属性，那就是"人"。虽然男女在社会中扮演的角色和因性格差异造成的社会影响力有所不同，但作为"人"的这一根本社会属性决定了既然同为社会成员，在社会的重要性方面都是平等的，每个人的人生都具有相同的伦理价值，应该享有相同的权利和平等的社会尊严。[1]国家的法律应当一视同仁地平等对待和尊重每一个社会成员，保护其免受不公正的歧视待遇。从普遍人性的角度论证，具体而言，存在以下主张：一是能力平等论。从人类历史发展进程来看，各个历史阶段，男性和女性的智力、能力水平是相差无几的，这种与生俱来的能力决定了男女在社会发展中所发挥的作用应该是一致的，男女理应受到平等待遇。当女性由于历史和现实的原因在社会和家庭中处于劣势时，国家和政府应当加强对弱势女性群体的平等权利和正当利益的保护。二是社会需求平等论。社会分工不同，发挥的作用不同。人类历史进步的动力，就在于对更加美好生活的追

---

[1] [美]威廉·A.盖尔斯敦：《自由多元主义的实践》，佟德志、庞金友、苏宝俊译，江苏人民出版社2010年版，第195页。

求,为了达到这一美好愿景,男女在推动历史长河的发展中,做出的贡献也是基本一致的。因此说,在社会的发展进程中,女性与男性同等重要,她们/他们的各自利益应该被同等对待,社会需求应该得到同样的尊重和满足。三是发展平等论。该主张强调,男女两性应当平等共享社会发展的成果。社会发展的核心是人的全面发展,是人在社会中逐步实现素质、能力的提高和自我价值的展现。女性同样是发展的主体,其自身的发展和对发展成果的共享应当得到同样的重视和尊重。[1]自女性思想解放萌发伊始,女性走出家庭,追求与男性同工同酬,争取选举权与被选举权,这些是女性解放运动的努力方向和初步目标。历史上女性大规模的示威游行、女权斗争唤起了人们对男女平等的深刻关注。现代法律应当保护男女平等权利,以保证女性在政治经济生活、社会地位等方面不低于男性,享有与男性平等的发展权利。

2. 社会需求说

该学说普遍认为,社会需求之于男女是同等重要的,也就是说,女性与男性一样,在人类社会中扮演着不可或缺的角色,在人类追求福祉的同时,也应充分考虑女性在社会生活中的获得感和满足感,基于社会需要,男女应当平等。其论证依据主要有三个主张:一是社会功能平等论。男性与女性智能总体水平大致相当,差异并不明显,而且就社会贡献而言,男性与女性均等重要,因此,男女也应享受同等的权益。二是自然法则平等论。该学说主张男女在生理上即便有所不同,"平等的

---

[1]李沂靖、唐斌尧:"论男女平等的理论基础",载《东岳论丛》2014年第11期。

人类法则"原则同样适用，如万有引力法则适用于自然界所有物质一样，男女之间社会关系亦是适用平等法则，不应因性别差异而区别对待。三是民主平等论。民主、平等的理论早已深入人心，在民主与平等的原则下，实现思想与身体自由是全人类的共同追求。该理论主张，男女两性都是权利保护的主体，强调不同主体的平等、自由和权利都应得到同等的对待，以实现社会平等与和谐。

二、我国法律框架下男女平等保护的规定

（一）确立男女平等基本国策

改革开放以来，我国市场化的程度迅速提升，社会处于转型时期，这给男女平等的实现带来了新的挑战，只有将男女平等的社会意识上升到国家政策和法律层面，才能克服男女平等推进过程中的困难。在1995年的第四次世界妇女大会上，中国政府第一次公开向国际社会承诺，将男女平等作为我国的一项基本国策，这标志着男女平等的原则上升到了更高的层次，同时给之后政策、法律的制定提供了依据。该项原则成为我国的基本国策，是我国党和政府为推动男女平等事业而采取的一项重要举措。

基本国策是国家政策体系中针对全局性、长远性、普遍性问题而确定的根本性的总政策，在国家政策体系中处于最高层次。[1]男女平等成为基本国策，表明了其在国家未来发展中具有的全局性、战略性的地位特征。但要深入贯彻这项基本国

---

[1] 刘慧杨、陈立钧："贯彻实施男女平等基本国策的途径选择"，载《沈阳干部学刊》2015年第6期。

策,需要依靠国家力量。1995年该项原则被上升为基本国策,被纳入国家发展的长期规划之中。同年,我国政府制定和发布的《中国妇女发展纲要》是我国妇女事业发展的重要里程碑,其中明确提出了男女平等的战略目标,并且明确了政府在贯彻男女平等基本国策过程中所承担的义务和使命。2005年修正的《妇女权益保障法》,在总则第二条中重申《宪法》第48条的内容,并明确"实行男女平等是国家的基本国策",[1]确认了这项制度的法律地位。该项基本国策也在2006年被写入了《国民经济和社会发展第十一个五年规划纲要》,[2]标志着这项基本国策已经进入了国家经济和社会发展的战略布局,成了国家经济和社会发展战略规划当中重要的一环。2012年男女平等基本国策被写入中国共产党第十八次全国代表大会的报告中,表明我们党已经将实现男女平等明确为改善民生和加强社会建设的重要目标之一。[3]

  国务院对各级人民政府提出要求,在政策的制定与实施、制作行政预算时要切实落实男女平等的基本国策,通过出台政策和提供资金支持的方式来落实好这项基本国策。政府部门对于国务院的要求进行了响应,并且取得了卓越的成果。1990年,国务院妇女儿童工作协调委员会正式成立(1993年8月4日,该机构更名为国务院妇女儿童工作委员会),该委员会成员单位包括35个国家部委和人民团体,全国县级以上人民

---

[1]《妇女权益保障法》"总则"第2条第2款。

[2]《中华人民共和国国民经济和社会发展第十一五年规划纲要》(2006年3月14日第十届全国人民代表大会第四次会议批准)第三十八章第四节。

[3] 胡锦涛:《坚定不移沿着中国特色社会主义道路前进 为全面建设小康社会而奋斗——在中国共产党第十八次全国代表大会上的讲话》(2012年11月17日)。

政府都设立了对应的机构，形成了协同配合保障妇女权益、促进男女平等的组织体系。各个机构纷纷建立目标责任制和监测评估体系，把保障妇女权益作为工作的目标和政绩考核的标准之一。国务院妇女儿童工作委员会至今已经召开过6次工作会议，会议的内容围绕妇女儿童权益保障进行了战略部署。在这期间，形成了政府部门主导，多部门协同合作，全体社会成员共同参与的工作体系，将男女平等这项基本国策贯彻始终。同时，这项基本国策在多个领域中取得了显著的效果，例如，我国2000年以来开展了多个妇幼重大公共卫生项目，如降低孕妇死亡率的项目、农村孕产妇住院分娩补助项目、免费孕前优生健康检查项目，还为农村女性提供宫颈癌、乳腺癌的免费检查项目等，[1]2009年为女性创业小额担保贷款提供财政支持。上述各项工作的开展，都体现了政府大力保障女性权益、贯彻男女平等基本国策的决心。

（二）对男女平等的宪法和法律保护

1.中华人民共和国成立初期的法律规定

中华人民共和国成立以来，由于各项事业的需要，我国党和政府高度重视妇女解放问题，肯定妇女在中华人民共和国建设进程中发挥的重要作用，并且通过制定相关法律，以保障妇女的合法权益，大力提升妇女在社会当中的地位。

1949年具有临时宪法性质的《中国人民政治协商会议共同纲领》（以下简称《共同纲领》）总纲部分第6条明确了中华人民共和国废除束缚妇女的封建制度。同时规定妇女在政治、

---

[1]陈涓："中国妇幼健康事业发展报告（2019）内容简介"，载《养生大世界》2020年第9期。

经济、文化教育、社会生活的各方面，均享有与男子平等的权利，实行男女婚姻自由。[1]《共同纲领》规定了选举权和被选举权的平等，我国人民的自由权利涉及思想、言论、出版、集会、结社、通讯、人身、居住、迁徙、宗教信仰及示威游行这十一个方面。[2]

1950年，《婚姻法》作为中华人民共和国成立后的第一部基本法诞生，《婚姻法》将男女平等作为婚姻家庭当中所必须遵守的原则，该法的出台使男女平等的思想得到了更广泛的宣传。

1950年颁布的《土地改革法》确定了土地分配方式，即按照人口进行分配，这是第一次以立法的形式确定了妇女可以和男子一样，享有土地所有权。

1953年的《全国人民代表大会及地方各级人民代表大会选举法》（以下简称《选举法》）第4条载明了妇女有与男子同等的选举权与被选举权，[3]这是我国法律对男女政治权利平等的保障。

2. 对男女平等的宪法保护

"五四宪法"（即1954年《宪法》，下同）在中华人民共和国宪法史上有着举足轻重的地位，它针对妇女权益进行进一步细化并分类，在整体结构上将妇女权利从《共同纲领》的总纲部分，移至"公民的基本权利和义务"部分，并在第96条明

---

[1] 彭玉凌："论性别平等的宪法保护"，载《成都大学学报（社会科学版）》2010年第2期。

[2] 吴宁、岳昌智编：《女性权利的法律保护》，同济大学出版社2010年版，第55页。

[3] 宋晓蓝："农村妇女发展面临的现实困境及对策"，载《中共云南省委党校学报》2007年第5期。

确了我国妇女在政治、经济、文化、社会和家庭生活这五大方面的基本权利。[1]

"八二宪法"（1982年《宪法》，即现行宪法，下同）吸收了"五四宪法"中关于对妇女权益保护的成功立法经验，是对"五四宪法"的继承和创新，使得宪法对于妇女权益的保护更加完善。"八二宪法"首次提到注重培养和选拔女性干部，在对女性采取差别保护方面有了史无前例的发展。男女同工同酬的规定标志着对妇女权益的保护进入了一个重落实的新时代。2004年"修宪"将"尊重和保障人权"写入宪法，使对女性的人权保障有了宪法上的依据。

宪法是我国的根本大法，体现全体人民的意志，约束全体社会成员的行为。男女平等是宪法的一项重要原则，该项原则的确立意味着国家重视对女性权益的保障，认可妇女的价值。在宪法基本原则基础上，国家通过一系列有关妇女权益保护的立法、司法实践活动以及采取行政措施贯彻男女平等的原则，切实保障了妇女的人权，提高了其社会地位。

3. 现行法律规定

宪法中的男女平等原则在现行法律、法规中得到了具体的体现。目前我国已经形成以《宪法》为依据，以《妇女权益保障法》为主体，包括100多部单行法律、法规在内的法律保障体系，确保男女平等原则在法律层面得以贯彻。在政治权利保障领域，《选举法》《村民委员会组织法》等法律当中明确规定女性享有与男性平等的选举权和被选举权，并且女性也可以平

---

[1] 莫洪宪："论我国立法中的社会性别意识"，载《武汉大学学报（哲学社会科学版）》2007年第5期。

等地参与到社会事务管理中去。值得一提的是，为了更好地保障妇女的政治权利，使原则性规定更具可操作性，国家对于妇女的参政比例进行了政策性规定。在劳动权益保障领域，《宪法》中男女实行同工同酬的规定为我国法律保障妇女就业和劳动权利不受歧视提供了宪法依据。这一权利内容除了《劳动法》之外，也在《妇女权益保障法》《劳动合同法》《就业促进法》等法律法规中得到具体化。国务院就女性就业权特别出台了《女职工劳动保护特别规定》，该规定不仅载明妇女享有和男性平等的就业权利，并对女性在怀孕、产期、哺乳期间的权益也给予特殊照顾。在财产权益领域，《民法典》《土地承包法》等法律规定了妇女平等地享有包括土地权利、继承权利在内的家庭财产权益。在人身权和人格权保护领域，我国《民法典》《妇女权益保障法》《反家庭暴力法》《刑法》等法律发挥了积极作用，保障妇女享有与男子平等的人身权利。规定了妇女的人身自由不受侵犯，生命健康权不受侵犯，人格尊严受法律保护。禁止拐卖、收买被拐卖妇女，禁止卖淫、嫖娼等损害妇女人身权利的行为。针对家庭暴力、性骚扰，甚至强奸、强制猥亵、侮辱诽谤、拐卖妇女，等侵犯女性人身权益行为，区分不同行为性质，通过追究侵权者的民事责任、行政责任以及刑事责任，打击侵权行为，减少对女性人身权益的侵害。

总而言之，我国的立法体系贯彻了男女平等的原则，既符合国际上保障男女平等、维护妇女权益的立法潮流，又结合了我国国情，体现出鲜明的中国特色。

三、我国法律框架下的男女平等保护有待提升

（一）宪法对于男女平等保护的重视程度有待提升

宪法作为我国的根本大法，各种法律、法规的制定、修改均需要以宪法为基准，各项法律、法规的实施和政策的执行也必须以宪法为纲，遵循宪法当中的各项原则。但我国宪法对于男女平等保护的重视程度还有待提升。我国宪法规定了妇女在各个领域与男性享有平等的权利，但在文本上采用的是颇为宏观、概略的语言表述，在涉及具体内容时，往往过于抽象。另外《宪法》第48条当中仅仅指明了我们应当通过积极行动保障男女平等，而没能从相反方面做出消除歧视的规定，亦未能提供对宪法权利的救济方式。

（二）《妇女权益保障法》需要完善

上文中提到，我国保障男女平等的法律体系以宪法为基础，以《妇女权益保障法》为主体，[1]因此《妇女权益保障法》对推进男女平等有着重要的价值，在保障妇女权益方面扮演着重要的角色，但是，该部法律还存在若干缺陷，有待完善。

首先，《妇女权益保障法》中对妇女权益的平等保护内容的规定比较抽象化、原则化，缺乏具体的实施细则。例如，该法第27条规定，各单位在执行国家退休制度时，不得以性别为由歧视妇女，但是却没有进一步解释歧视妇女的行为表现，何种行为属于"歧视妇女"。该法第38条载明了妇女人身权益受到侵害的若干种表现形式，比如侵犯妇女的生命健康权，遗

---

[1] 孙晓红：《消除对妇女一切形式歧视公约》：保障妇女权利的宪章"，载《人权》2016年第2期。

弃、残害女婴，歧视、虐待生育女婴的妇女和不育的妇女，虐待、遗弃患病妇女和老年妇女等。该条款对于侵害妇女人身权益的行为进行了较为具体的列举，但是所谓"无救济则无权利"，该条款当中并没有规定这些侵犯妇女人身权益行为的法律后果，这将导致无法实现法律的威慑作用，也会给司法实践带来困境。该法第40条规定，受到性骚扰的妇女有权向有关机关进行投诉。该条款中存在两个问题：其一，没有对"性骚扰"进行明确的定义，在实践当中存在许多隐晦的性骚扰行为，这些行为是否构成法律上的性骚扰尚未有定论，需要进一步解释；其二，该条款当中虽然规定了遭遇性骚扰女性的救济措施，但是救济措施为投诉。投诉行为并不必然启动救济的法律程序，无法切实解决受害女性所遇到的困扰。同时该法第52条规定妇女的合法权益受到侵害时，有权要求有关部门依法处理，也可以申请仲裁或起诉。该条款的规定过于笼统。有关部门具体指何种部门，所作出的处理结果具有何种法律效力都是未知数。通过以上若干条款的列举，我们不难发现，《妇女权益保障法》由于可操作性不强导致实施不足。

其次，责任主体不够明确。该法当中多个条款规定了妇女权益受到侵害可以求助相关的机关，例如第40条规定的"有关机关"，第52条涉及的"有关部门"，第53条当中提到的"妇女组织"，从中我们可以看出该法并没有明晰各个部门的职责和义务。妇女权益受到侵害，应当由哪一个具体的行政机关进行救济该法尚未明确。基于此，在实践当中，许多妇女即便权益受到了侵害，也知道应当向公权力机关进行求助，但却不知道应当求助于哪一具体的机关。

（三）保护男女平等的法律的可操作性有待提升

目前，我国虽然多部法律中都规定了保护男女平等的相关条款，但是大多为原则性条款，具体规定过于笼统和抽象，在实践中不容易真正被贯彻和实施。以《劳动法》为例，其规定妇女享有与男子平等的就业权利，企业在录用职工时，除国家规定不适合妇女的工种或岗位外，不得以性别为由拒绝录用妇女或者提高对妇女的录用标准。这一规定体现了对男女平等劳动权的保护，明确禁止单位在招聘时对于妇女的歧视。但是在实践中，我们可以发现这种歧视还是屡禁不止。例如，在某些招聘活动中，许多企业还是会询问妇女是否处于恋爱关系当中，是否有结婚和生育的计划。企业对于妇女的婚姻状态和生育计划的关注其本质是对妇女的歧视，但是企业在拒绝女性应聘者之时通常不会明确说明是性别原因，往往不说明原因或是以其他原因搪塞。在面对这种情况时，妇女往往处于孤立无援的状态，无法诉诸法律，久而久之，《劳动法》第13条成了原则性条款，可操作性较低，无法实现对妇女权益的保障。

不仅仅是《劳动法》，在《民法典》中也存在部分保护妇女权益的条款过于笼统，导致操作性不强的问题。譬如，该法1090条规定，离婚时夫妻一方生活困难的，可以请求有负担能力的另一方给予适当的帮助。但是，无论是在《民法典》的法律文本中，还是最高人民法院在其后出台的司法解释中，都未能明确"生活困难"的具体标准。同样，"适当帮助"是针对经济困难帮助数额的限定还是针对帮助期限的长短，也极易出现理解上的差异，导致法律实施存在困难。

在保护妇女人身权利方面，还有很多女性在婚姻家庭中遭受不同形式的暴力侵害。究其原因一方面是传统男权社会的思维观念依然未能完全改变，另一方面反映出《反家庭暴力法》的可操作性有待提升。部分女性在遭遇到家庭暴力后会选择沉默，即便有些妇女选择报警，公安机关在调查后往往也会将其作为一般的家庭纠纷处理。纵观对妇女人身权利的保护，在某种程度上依然欠缺有效的司法救济。

四、完善我国对于男女平等的法律保护

（一）保证宪法实施，落实男女平等原则

虽然我国宪法确定了男女平等的基本价值理念，还设立了针对妇女权益的特别保护条款，但这只是男女平等的一种应然状态。如何在现实生活中实现男女平等，使男女平等从应然状态转变为实然状态，重点在于加强宪法的实施。

首先，完善男女平等的宪法规定，将"禁止一切形式的性别歧视"写入宪法。目前我国《宪法》第48条从正面对妇女平等权利给予概括性规定，却没有规定禁止性别歧视的内容，使得对男女平等的保护略显不足。为解决这一问题，可在第48条第1款后面增加规定"禁止一切形式的性别歧视"，完善对妇女权益的保护。

其次，严格备案审查工作，推进宪法实施。全国人大常委会在备案审查过程中，应当将男女平等原则作为备案审查的一项内容，凡是涉及男女平等问题的法规、规章、司法解释和其他规范性文件，都应当纳入备案审查范围，确保规范性文件与男女平等的宪法原则相一致。

最后，推进男女平等的合宪性审查工作。合宪性审查工作

是宪法实施的有力保障。《宪法》规定,"一切法律、行政法规和地方性法规都不得同宪法相抵触"。[1]党的十九届四中全会提出,"要健全保证宪法全面实施的体制机制","推进合宪性审查工作"。[2]在合宪性审查过程中,男女平等原则应当成为审查的一项内容,依法撤销或纠正与男女平等的宪法原则相抵触的规范性文件,保证国家法治的统一和宪法的权威性,促进男女平等的实现。

(二)建立健全保障男女平等的法律体系

1. 制定《妇女权益保障法》实施细则

《妇女权益保障法》是我国法律体系当中对男女平等进行保护的主体性法律,具有纲领性的地位,对于男女平等的保障具有重要意义,成为妇女权益保障的里程碑。[3]自从该部法律推行以来,取得了许多有益的成果,得到了专家学者的肯定。然而社会的客观现状是发展的,该部法律也呈现出一定的滞后性,存在若干不足之处,亟待完善。目前该部法律的有关条款操作性有待加强,并且部分条文规定较为笼统,有待细化,只有不断提升立法技术,才能真正实现对男女平等的保障。

对于完善《妇女权益保障法》,应当从增加法律可操作性入手,修改和完善法律中过于笼统的规定。例如对总则部分"消除对妇女一切形式的歧视"的规定之外,增加对性别歧视

---

[1]《宪法》第5条第3款。

[2]《中共中央关于坚持和完善中国特色社会主义制度推进国家治理体系和治理能力现代化若干重大问题的决定》(2019年10月31日中国共产党第十九届中央委员会第四次全体会议通过)。

[3] 马忆南:"男女平等的法律辨析——兼论《妇女权益保障法》的立法原则",载《中华女子学院学报》2004年第5期。

的定义、表现方式等判断标准，明确救济途径以及对于歧视行为主体的处罚措施，完善反歧视制度。另外，应当明确法律责任主体。对法律中的"有关部门""有关机关"进行明确规定，代替现有的笼统表述，根据不同情况确定相关部门的权责，避免不同部门之间相互推诿。

2. 完善相关法律法规

随着经济社会的发展和网络信息的普及，对妇女权益的保障也面临许多前所未有的新情况和新问题，原有的法律规定在一定程度上滞后于科学技术的发展，需要对相关立法予以完善。以对妇女人身权利的保障为例，在网络信息社会，妇女的姓名权、肖像权、名誉权及隐私权等人身权利更容易受到侵害，这种侵害由于传播速度快、地域广，且方式多样，对被害人带来的伤害后果更加严重。例如，2020年，杭州谷女士下楼取快递时被偷拍，并被造谣"出轨快递小哥"在网络上大肆传播，给谷女士身心带来极大伤害。[1]网络社会中类似的案件并非独有，网络侵权、网络暴力行为不仅损害了被害人的人格权，同时经网络这一特定媒介的迅速传播，也会严重扰乱社会公共秩序，给社会公众造成极大的不安全感。对于这类利用网络侵犯妇女人身权的行为，目前存在维权难的问题，主要表现在：一是发布侵权信息的侵权主体难以确定，需要平台协助；二是网络视频和文字可能会被随时删除，被害人很难取得并固定证据；三是由于视频文字被大量转发，侵权参与人人数众多，被害人难以追责。目前，我国除了《民法典》《刑法》之

---

[1] 张建伟：" 涉嫌诽谤案自诉转公诉的法眼观察"，载《检察日报》2020年12月30日。

外，《全国人民代表大会常务委员会关于加强网络信息保护的决定》、《最高人民法院关于审理利用信息网络侵害人身权益民事纠纷案件适用法律若干问题的规定》、《最高人民法院、最高人民检察院关于办理利用信息网络实施诽谤等刑事案件适用法律若干问题的解释》等规范性文件在打击网络侵权，保护公民人身权利方面发挥着重要作用。但这些规定存在立法层级低，条文过于原则化，简单笼统、缺乏可操作性的问题，难以为妇女网络人身权提供足够的保护，需要通过《民法典》《刑法》的进一步完善，来彻底解决维权难问题。

3. 完善男女平等的法律救济措施

无救济则无权利。要切实贯彻男女平等的原则，保障妇女的权益，固然需要完善法律制度，但同时也需要完善法律救济措施，否则妇女权益保障只会沦为一句口号和一纸空文，因此保障救济途径的重要性不言而喻。对于男女平等的救济包括行政救济和司法救济两种公力救济途径。

《妇女权益保障法》第57条当中规定了国家机关及其工作人员违反职责，未对侵害妇女权益的行为进行及时阻止、未给受害妇女提供必要帮助的情况下，相关责任人需要受到行政处分。该条款的规定虽然列举了多种国家机关及其工作人员失职行为所导致的妇女权益无法得到救济的情形，但是对于责任类型没有给出具体的说明，均由"行政处分"进行概括，不利于对国家机关及相关责任人员进行追责，无法更好地倒逼国家机关工作人员履行职责、保护妇女的权益，因此笔者认为应当在此处细化国家机关工作人员的责任内容。

如果国家机关之外其他个人或是组织实施了侵害妇女权益

的行为，被侵害的妇女有权要求相关主管部门处理，也可以诉诸司法。根据《妇女权益保障法》第52条第1款规定："妇女的合法权益受到侵害的，有权要求有关部门依法处理，或者依法向仲裁机构申请仲裁，或者向人民法院起诉。"[1]该条款的规定过于笼统，可进一步分层次细化。属于民事侵权行为的，可向人民法院提起民事诉讼。倘若妇女的合法权益受到犯罪行为侵害时，依据犯罪行为的性质区分公诉案件还是自诉案件。对于自诉案件，受害妇女可依法向人民法院提起刑事诉讼；属于公诉案件，可要求公安机关、检察机关依法立案侦查，提起公诉。与此同时，也可以通过妇联或基层政府设立专门的权益保障机构提供救济或法律援助。

（三）建立男女平等评估机制

将男女平等的价值理念贯彻到法规政策的制定、实施和监督的各个环节中。在制定法规政策前加强立法的前期研判，在贯彻实施之后进行法律实施的效果评估。各地妇联组织可以承担第三方评估工作，可以评估地方立法、一些政策文件是否符合男女平等的宪法原则，是否贯彻了《宪法》第48条规定的对妇女的合理差异保护，是否在一些特殊领域对女性实施歧视性对待。开展对政策法规性别评估的制度化建设，有利于推动将男女平等原则引入合宪性审查范围，成为合宪性审查的重要内容之一。

结　语

男女平等是我国一项重要的基本国策，我国以法律、政策的

---

[1]夏国美："就业竞争中的性别歧视和社会平等"，载《社会科学》2001年第5期。

形式推进男女平等，是马克思主义妇女理论同我国女性地位实际相结合，并不断发展、深化的结果，体现了中国共产党对于男女平等事业的重视。随着我国法治进程不断深入，应当逐步完善男女平等的法律体系，完善男女平等法律救济机制，加强对妇女权益的深切保障，切实实现男女平等。

妇女平等权益的宪法保护

在人类漫长的发展历程中，妇女权益曾被长期忽视。正如杰出的女权主义者麦金农所批判的"真正的差别在于，男人拥有权力，而女人没有"[1]。妇女在经过了长期不懈的抗争之后，妇女人权、妇女权利才得以登上历史舞台。从平等权的角度分析，女性在社会资源分配、权利的享有与保障等诸多方面仍处于弱势地位。宪法中的男女平等如何实现从原则到现实的有效转换始终都是学界与社会共同面临的问题。透过宪法学的视角，妇女平等权的保护需要从立法和法的适用上予以加强，保证合理有效的救济手段，使妇女包括平等权在内的各项权益能够真正得以实现，使妇女能够平等参与经济社会建设，享有改革发展成果。笔者以平等权为视角，从宪法学的角度，对妇女权益进行分析，针对我国宪法对妇女平等权益保护中存在的问题，提出完善妇女平等权的有效建议。

---

[1] 董科鹏："妇女权利保护的法律演进过程中法律价值的冲突与转变——以美国英美法系案例分析为视角"，载《赤峰学院学报（汉文哲学社会科学版）》2011年第12期。

一、平等权与妇女权益概述

（一）妇女平等权的理论辨析

平等是人类社会的基本价值。在我国法律术语中，平等往往被表述为"法律面前人人平等"[1]，平等的基础是人人皆具有意志自由。"平等权一直都是法律中的基本原则，是神圣的法律，是先于所有法律的法律。"[2]法国在18世纪时，巴黎的妇女们向国民议会提出要求享有与男子平等的人权，自此拉开了世界妇女解放运动的序幕。世界各国女性在此后的两百多年中一直为实现妇女权益的平等而努力。平等权逐渐成为妇女权益的核心内容，妇女的一切权益围绕平等权而展开。

在我国，平等权是指依照宪法和法律的规定，所有公民享有同等的权利和承担同等的义务。美国学者德沃金曾指出："平等权的实质是指在法律面前，所有人的法律人格平等并且享有被同等对待的权利。"[3]妇女平等权在平等权的理论基础上有着不同的理论内涵。

1. 同一平等与差异平等

简言之，同一平等主要强调平等的"同一性"，即无差别对待。这种平等方式弊病在于机械性地执行平等会忽略客观事实上的差异，导致形式平等而实质不平等；而差异平等则是在同一平等基础上，允许"合理差别"的存在，但是弊病在于

---

[1] 中国社会科学院法学研究所资料室编：《论法律面前人人平等》，社会科学文献出版社2018年版，第30页。

[2] 徐志国："罗尔斯的平等思想研究——兼与功利主义、德沃金比较"，载中国理论法学研究信息网，2003年12月10日访问。

[3] [美]罗纳德·德沃金：《至上的美德：平等的理论与实践》，冯克利译，江苏人民出版社2003年版，第271页。

"合理差别"较难界定,对执行方的理论水平和执行水平有较高要求。我国主张同一平等理论的学者认为无论男女,只要二者处于相同的处境就应给予相同的对待。这种理论意味着当男人做出某种标准行为时,妇女也必须按照同样标准做出某种行为才能给予平等的待遇。这一观点没有区分男性和女性的先天差异,只单纯强调人类的相同性,其实不利于女性平等权的实现。所以,在涉及妇女的平等权时,笔者主张应当采取差异平等的理论。现实社会中,由于人的智力、体力和所处的环境各不相同,客观上的不平等有时在出生时就已注定,如果单纯地将平均主义的平等应用于不同的主体,那么这与平等权的核心相违背,必然也会导致结果的不公正。具体来说,差异平等主张所有人应当不分民族、种族、性别、经济地位等因素都应受到平等保护,而在立法上,鉴于不同的群体差异,应当根据这种差异性进行不同侧重点的覆盖。

2. 形式平等与实质平等

男女平等应当是形式平等还是实质平等,曾经也引发了理论界的争议。"形式平等是指法律待遇的均一化,即抽象的法层次上的名义上的平等;实质平等是指事实关系的均一化,即社会经济关系的事实上均等。"[1]二者划分的主要依据是权利的存在形式。立法上的平等属于形式平等的一种,其禁止差别性的歧视对待,要求社会应当提供平等的机会和条件给予每个人。形式平等注重程序公正,然而,其缺陷在于:形式平等关注的是社会整体,而忽略了个体之间的区别,断开了某一群体的固有特点和群体之间的关系。实质平等则以承认男女的合

---

[1] 蔡茂寅:"平等权",载《月旦法学杂志》1999年总第46期。

理差别为基础，主张应当对妇女给予一定程度上的保护和特殊待遇。实质平等在承认形式平等的前提下，融合了个体的差异性，强调了不同群体的需求，它是对形式平等的必要补充，主张结合具体情况和实际需要，给予不同群体之间特别措施，以实现平等的目标。显然，实质平等更符合法律的价值和目标，是理想状态的男女平等。

3. 机会平等与结果平等

男女平等围绕实现机会平等还是结果平等的方面也各有侧重，前者主要适用于竞争与发展过程，而后者主要适用于分配过程。不同的社会群体对发展与分配——"做蛋糕与分蛋糕"的观点不一，这种理解差异将会影响到机会平等与结果平等在法律及政策条文中的体现。机会平等，强调无论条件如何，女性均应获得与男性平等自由的竞争与发展机会，因而每个人都应对其结果负责。这一做法的弊端在于机会平等难以把握，实际上几乎不存在实然状态下的机会平等；结果平等则与之相反，强调男女平等自由地竞争与发展属于理想化的概念，在现实中犹如凤毛麟角，故而应当从结果出发，以公平手段维系结果分配上的平等，最终实现男女结果平等。

（二）平等权的宪法保护

平等权的宪法保护是指通过立法、行政执法、司法适用成文宪法、宪法性法律规定等来保护平等权利的种种手段、方式和具体途径的总称。平等权的宪法保护按照主体差异可以分为立法保护、行政保护和司法保护。从我国宪法文本以及司法实践来看，我国对妇女平等权的保障并非局限于形式平等，而是更多关注于实质平等，即"相同为相同处理，不同为不同处理"[1]。这意味着，在宪法上，对妇女平等权益的保护并不是完全禁止差别待遇，而是基于合理的前提下，给予差别待遇的平等。平等权的宪法保护具有四个特征：一是权威性和最后性。由于宪法处于国家根本法地位，这决定了在各种法律保护中，宪法保护是妇女权益最后的保护手段，其权威性最高。二是宪法保护主要针对的是国家权力的行使者特别是针对立法者而言。三是政策性强但争议性也较大。[2] 政策性强是指当妇女遭受不公平的待遇时，如果其他法律无法提供保护，则可以依照宪法文本、宪法原则解决。所谓的争议性是指由于宪法具有很强的政策性和严格的程序性，申请宪法救济对程序性要求更为严格，往往会引发激烈的政治和法律争议。四是宪法的人权保护目的更明确。宪法在保护人权和维护宪法秩序方面比其他法律更具优越性，也是与一般法律所不同的地方。正如，刑法主要针对预防和惩治犯罪，民法是为了解决平等民事主体之间的法律纠纷，这些部门法的专业性注定了它们无法像宪法一样从宏观上对人权给予全方位、概括性地保护。

（三）妇女权益的内涵

"所谓妇女权益是指妇女作为人所应当享有的自由平等的权利，它根源于妇女作为人的尊严和价值，是维护妇女尊严和价值的本质要求。"[3] 妇女权益是对男女平等基本原则的具体体现，这不仅要求保障妇女享有平等的权利和地位，同时要求

---

[1] 王元亮:"论形式平等与实质平等"，载《科学社会主义》2013年第2期。
[2] 费善诚:"试论我国违宪审查制度的模式选择"，载《政法论坛》1999年第2期。
[3] 张晓玲:"妇女人权概念的产生及其意义"，载《妇女研究论丛》1998年第2期。

通过法律的制定和实施改变并消除对妇女在婚姻家庭、人格尊严、劳动及社会生活等方面的歧视。妇女权益不仅具有一般人权的特征，同时还具有妇女群体一些特殊的权利内容。

一方面，妇女权益保障的主体具有特殊性。从保护的主体上说，妇女由于历史与社会环境的影响以及自身原因属于社会相对弱势群体，在现实生活中妇女的某些权利可能会受到一定程度的限制，导致妇女在社会生活中处于不利的状态，究其原因仍是男性强势的社会性别文化熏染下衍生出的社会观念与现象所导致。当妇女的权益得不到有效保护时，她们的权益更容易受到侵害，进而影响她们自身的发展。比如，在妇女求职过程中，由于性别原因而受到不平等待遇，对妇女的职场发展必然造成不利影响。虽然目前我国为制止和消除性别歧视，已经出台了一些具有针对性的法律法规和保护性政策措施，但实施的效果仍有待提高。

另一方面，妇女权益保障内容具有特殊性。从人权保护的内容上看，妇女权益保障包含着性别意识。女性特殊的生理机能和特定的社会地位决定了在权益保障方面与男性有很大的不同。根据妇女的特殊生理结构和生理现象，应当加强对她们的特殊照顾，同时，保证妇女享有与男性同等的权利，在同等条件下不受歧视，并采取积极行动弥补妇女因受到不公平待遇而带来的损失。因此，针对妇女的自身特点，应当给予其更多的救济与保护，才能真正实现男女平等，而这种平等正是前文中所强调的差异平等和实质平等。

二、我国宪法对妇女权益的规定

（一）从宪法变迁看妇女权益发展

1.《共同纲领》中对妇女权益的规定

作为中华人民共和国第一部宪法性文件，《共同纲领》首次明文废除了对妇女有严重歧视的封建制度，赋予女性在政治、经济、文化教育、社会生活等各方面与男子平等的权利，在《共同纲领》中，重点强调了两性的婚姻自由，这与封建的婚姻制度划清了界限，是保护妇女权益的重大进步。

该部宪法性文件具有划时代的意义。封建制度下的婚姻一直由父母包办，《共同纲领》首次赋予两性婚姻自由：一方面在很大程度上扭转了当时妇女在婚姻中的弱势地位，另一方面也丰富了当时社会文化中妇女在政治、教育、发展等多方面的权益。"这部宪法性文件规定了选举权和被选举权的平等，我国人民的自由权利，涉及思想、言论、出版、集会、结社、通讯、人身、居住、迁徙、宗教信仰及示威游行这十一个方面。"[1]在所列举权利的主体中都包含女性，这表明从1949年的《共同纲领》开始，我国的法制建设就已经开始关注妇女平等权的问题，比如赋予妇女接受教育和政治方面的基本权利。这些内容的颁布对之前受教育权被严重剥夺的妇女群体来讲尤其具有历史意义。除此之外，《共同纲领》还开创性地强调了推广卫生医药事业，保护母亲、婴儿及儿童的健康，增加了保护青工女工的特殊利益等内容。

《共同纲领》中所涉及的妇女权益保护已经比较广泛，这

---

[1] 吴宁、岳昌智编：《女性权利的法律保护》，同济大学出版社2010年版，第55页。

意味着到1949年，妇女的权益对比之前长达2000多年的奴隶社会和封建社会上升了一个大台阶，突破了当时历史的局限，体现出《共同纲领》在妇女权利保护历程上的纲领性与开创地位。

2."五四宪法"对于妇女权益的规定

"五四宪法"在中华人民共和国的宪法史上有着举足轻重的地位。它针对妇女权益进一步细化并分类，在整体结构上将妇女权利从《共同纲领》的总纲部分，移至"公民的基本权利和义务"部分。在文本的第85条明确规定了"中华人民共和国公民在法律上一律平等"，这里的平等不仅仅指在立法上所有公民平等享有宪法权利，承担宪法义务，也包括在法律适用方面一律平等。"五四宪法"在结构和内容上对妇女权益的调整为其他部门法的制定提供了依据。

该法第86条赋予公民的选举权，不分民族、种族、性别等限制，特别强调了女性享有与男子平等的选举权与被选举权，这意味着妇女参政是当时时代的需求，更是一项被国家根本法所保护的重要权利；第96条明确了我国妇女在政治、经济、文化、社会和家庭生活这五大方面的基本权利。[1]该条第2款更是针对婚姻、家庭、母亲和儿童提出特别保护。这是宪法中差别保护首次被运用到了妇女权利保护方面，意味着对妇女权利的认可与尊重，也是宪法保护妇女权利的最高体现。然而，令人惋惜的是，差别保护最终未能在实践中被完全贯彻，在实施过程中歧视妇女的事件依然时有发生。立法技术的不成熟是无法掩盖的事实。

---

[1] 莫洪宪："论我国立法中的社会性别意识"，载《武汉大学学报（哲学社会科学版）》2007年第5期。

"五四宪法"针对妇女权益的分类和保障更为细化也更为全面,妇女在不同领域的权利与地位都被宪法予以肯定,这对于当时提高妇女地位、保障妇女权益具有十分重要的作用。

3."七五宪法"对妇女权利的规定

尽管"五四宪法"已经针对妇女的各项权益进行了分类和细化,但是它在后来的发展中并没有得到有效落实。虽然我国在1975年进行了修宪,然而遗憾的是本次修宪并没有对宪法的文本结构进行太多有益的调整,公民基本权利与义务这一章节依旧排在国家机构这一章节之后。整体来看,"七五宪法"(即1975年《宪法》,下同)涉及公民权利的条文仅有三条,其中妇女权利只占了一条,而且它的规定还过于宽泛。不过,"七五宪法"根据当时的背景,在公民权利上增加了一条"罢工权"。罢工权的出现,使得妇女的权利更加丰富,妇女有了择业以及选择劳动方式与时间的自由。除此之外,公民权利这一章节在原有公民的控告权基础上增加了公民控告后不受刁难、阻碍和打击报复的内容,该条款主体上当然也包括妇女,这显然是具有进步意义的。总体说来,"七五宪法"的出台对于妇女权益保护的变化并不明显,在当时的社会大环境下,妇女的权益很难得到落实。

4."七八宪法"对妇女权利的规定

"七八宪法"(即1978年《宪法》,下同)的出台,在一定程度上纠正了"七五宪法"中"左"的错误,有一定的进步性。但囿于历史条件的限制,未能彻底摆脱"左"的指导思想的影响,仍然存在很多问题,无法适应新的历史时期。不过这部宪法中对于妇女权利的保护,总体而言还是有进步意义的。

这部《宪法》第53条规定："妇女在政治的、经济的、文化的、社会的和家庭的生活各方面享有同男子平等的权利。男女同工同酬。男女婚姻自主。……"这意味着"七八宪法"又回归到"五四宪法"对于妇女权利的保护性内容规定上。

针对妇女的劳动权，"七八宪法"首次规定了"男女同工同酬"，这在保护妇女的劳动权方面可以说是最大的亮点，满足了妇女群体对社会经济权利的迫切需求。"七八宪法"再次涉及对男女婚姻自主权的保护，以及对包括母亲在内的弱势群体的保护。当时国家开始将计划生育政策纳入宪法。同时，这部宪法也保证了妇女的宗教自由与人身自由，赋予女性与男性劳动者同样的休息权和获得物质帮助权。

（二）"八二宪法"对妇女权益保护的规定

"八二宪法"（即1982年《宪法》，下同）是对"五四宪法"的继承和创新。它在内容上吸收了"五四宪法"中关于妇女权益的规定，同时改进了部分条款使得宪法对于妇女权益的保护更加完善。"八二宪法"第48条涉及男女同工同酬和妇女干部的培养，首次提出了注重培养和选拔妇女干部，这是保护妇女参政权的必要补充，更是对妇女平等权的一种差别保护。第49条侧重保护婚姻自由和包括妇女在内的弱势群体保护，同样体现着差别平等原则。"八二宪法"在差别保护方面的进步显而易见，这使得对妇女权益的保护进入了一个重落实的新时代。

我国《宪法》第48条第1款规定："中华人民共和国妇女在政治的、经济的、文化的、社会的和家庭的生活等各方面享有同男子平等的权利。"列举了男女平等的主要范围，这一条款作为特别平等权优先适用，强调的是妇女与男性拥有同样的权利。男女平等作为特别平等权优先于一般平等权适用,但不能违背宪法中关于平等权的一般原则。第48条第2款为保护妇女合法权益的特别条款,该款规定:"国家保护妇女的权利和利益,实行男女同工同酬,培养和选拔妇女干部。"从文义解释的角度讲,该条款体现了国家的积极义务。宪法作为国家的根本法,原则上不会涉及公民的私人领域,然而这一关于男女同工同酬的规定说明我国在保障妇女就业和劳动权方面禁止歧视。这一内容在《妇女权益保障法》以及《劳动法》中也得到了印证。那么,究竟该如何理解"保护妇女的权利和利益"?笔者认为:我国对妇女的权益保护更接近于授权国家对女性采取一定的差别待遇措施,以促进男女实质上的平等。我国《妇女权益保障法》第2条第3款规定:"国家保护妇女依法享有的特殊权益。"这一规定直接说明了妇女依法可以享有特殊权益,宪法允许差别平等。

三、我国宪法对妇女权益保护的问题分析

(一)原则性条款为主,弱化了宪法的实践性

首先,宪法多以原则性条款为主,其实际的保障性和操作性条款较少。现行宪法在立法技术上大都采用的是宏观性的语言,带有宣言的性质,个别内容比较空泛,这在一定程度上阻碍了宪法的实践性。例如,《宪法》规定"中华人民共和国公民在法律面前一律平等",但并没有明确平等权的内容,也没有进一步对"平等"的内涵和外延作出明确解释,导致在宪法实施过程中对于是否符合男女平等原则缺乏判断标准。

其次,宪法权利保障不够全面。宪法只是正面规定了在"政治的、经济的、文化的、社会的和家庭的生活等各方面"

妇女享有与男子同等的权利，这种规定过于泛泛，缺乏实质性内容。同时也未能在相反方面进一步作出"禁止性别歧视"的内容规定，致使对妇女权益的保护呈现出单一性特点。

最后，现行宪法对于妇女权利的差别保护缺乏具体规定。《宪法》第49条规定婚姻、家庭、母亲和儿童受国家保护，但没有进一步规定保护的具体内容和措施。这也就直接导致了当妇女权益遭受到侵害时，难以给妇女提供有效的保护。尤其在劳动领域和婚姻家庭领域，针对妇女权利的差别保护一直以来都存在反对的声音，重点在于如何统一对妇女权益特殊保护的认识。然而，无论是"八二宪法"还是之后的修正案都没有针对差别保护作出更具体的解释和规定。宪法理论的缺失，导致法律适用对象的认知差异。对于宪法中关于妇女权益的保护性规定，从一定程度上看，最先受教育或者接收信息较快的依旧是城市中的妇女。她们凭借环境和先天的优势，能够合理地争取自身权益。在城市中，妇女的社会保险早已得到普及。但是反观生活在农村的妇女，她们的福利待遇却寥寥无几。究其原因，有社会大环境的原因，也有农村妇女自身的原因。宪法理论上的不足，使得妇女自身对权利的认识过于狭隘，她们一味追求与男性表面上的平等，忽略了其由于生理差异造成的需要特殊保护的权益，以为形式的平等就是对她们的最好保护，其实这恰恰是偏离了宪法保护实质平等的价值目标，是对平等权的片面理解。尽管现行宪法中对女性的权利进行了更全面的覆盖，不过只有将这种赋权落实到位才能更有效保护妇女的权益。

（二）与宪法相适应的妇女权益保护法律体系存在不足

目前我国基本形成了以宪法为基础，以《民法典》《妇女权益保障法》《劳动法》《教育法》《就业促进法》为主体的妇女权利保障法律体系，从各个层面保护女性权利不受侵害。[1] 在这一法律体系中，各专门法律均应以宪法为基础，对宪法原则作出更具可操作性的具体化规定。不过，这些法律存在一个共同的缺陷，都或多或少存在对妇女权益的平等保护规定内容比较抽象化、原则化的问题，缺乏具体的实施细则，导致当女性权益遭遇到侵害时，无法得到有效救济。

从权利的内容上看，权利抽象化导致权利内容不明确。以受教育权为例，现实中妇女受教育权受歧视的现象仍然存在。2012年，多家媒体报道，中国人民大学、上海外国语大学等高校部分专业在部分省市提前批次招录中，根据性别划分出不同的招录分数线，某些专业男生分数线甚至比女生分数线整整低了65分。[2] 还有多家高校为男生提供包括调低分数线等的优惠，以期待能招录到更多的男生。各大学给出的理由无非是某些专业例如语言、师范、护理等专业，难以招到男生，需要给男生优惠政策鼓励；同时，某些专业如公安、军事类不适合女生，于是调高女生的录取分数线，少招女生。高校的做法是否构成对女性平等受教育权的侵害？还是符合法律规定，是对男女平等受教育权的贯彻落实？显然，类似争议需要立法者从根本上予以解决。立法要明确界定"平等"和"歧视"的内涵与外延，要提供判断"平等"与"歧视"的具体标准。通过立法面面俱到地考虑每个群体的利益往往难以实现，立法在维护某

---

[1] 陈玥："论女权主义法学及对中国立法的启示"，载《法制与社会》2010年第23期。

[2] 俞苑、潘阳："部分高校录取划'男女线'差距最高达65分"，载http://bbs.guilinlife.com/thread-7564135-1-329.html，2021年5月6日访问。

一群体利益的同时，也要平衡其他群体的利益，有时难免顾此失彼，出现漏洞。在此情况下，需要通过对法律、法规的修订，或出台相应的实施细则，使法律规定更为明晰。

从权利救济的角度来看，法律操作性不强。目前当女性平等的受教育权被侵害时，她们能借助的保护手段往往只能是通过信访或者申诉等方式，缺乏更有效的法律救济途径。类似的问题在女性劳动权的保护方面同样存在。实践中对于涉及性别平等权的案件，人们用以维权的依据更多的还是单行法规和政府规章，狭义上的法律层面的适用较少、难以操作。部分权利受损的女性只是知道自己拥有的一些权利，但是如何进行权益维护与救济，妇女们则缺乏相应经验。这些内容恰好也是我国妇女权益保障法律体系的不足之处。所以立法上的缺失是目前妇女权益受到侵犯难以获得有效救济的最大障碍。

（三）缺乏对宪法权利的司法保护

宪法中赋予女性的平等权，在《劳动法》《高等教育法》《就业促进法》等专门法律中得到了具体体现。尽管如此，现实生活中，人为设置的性别障碍依然比比皆是。男女平等的宪法原则和法律精神往往得不到足够的重视，使得妇女的权益一再受到侵害。究其原因，一方面我国宪法的合宪性审查机制尚未完善。另一方面在部分法律规定中，存在权利保障不够全面，救济途径流于形式的问题。无论是在实体法还是程序法中，针对妇女平等权的保护都存在一定程度的不足。目前社会中个别用人单位录用新职工时对妇女依旧存在歧视，招聘中挂出不聘用女职工的现象依然屡禁不止，针对这一现象，至今都没有明确的法律规制或出台相关救济程序。妇女针对平等就业权侵害案件也只能依据《劳动合同法》向人民法院提起诉讼或者通过向劳动社会保障部门申诉解决纠纷。由于现行宪法对于妇女平等权的保护缺乏可操作性。相关法律中具体救济途径的缺乏，往往会造成司法机关在判案时只能适用《劳动法》的普遍原则，将宪法的男女平等保护原则束之高阁。妇女权益救济欠缺宪法救济手段，她们的权益无法落到实处，其结果就是妇女的维权会更加困难。

四、完善宪法对妇女平等权保护的建议

（一）加强对妇女平等权益的宪法保护

1. 完善宪法中的妇女权益保障内容

首先，在宪法中明确男女平等的内涵与外延，增加对男女平等判断标准的规定，吸收《消除对妇女一切形式歧视公约》《经济、社会及文化权利国际公约》等国际公约中的原则和精神，增加相关内容，使国内法和国际公约相衔接。

其次，在宪法中增加反歧视的内容。可以在《宪法》的第48条第1款"中华人民共和国妇女在政治的、经济的、文化的、社会的和家庭的生活等各方面享有同男子平等的权利"的基础上增加禁止对妇女歧视的规定。[1]

最后，明确宪法中一些模糊的内容。对我国宪法内容的梳理，我们可以发现宪法对女性权利的某些规定依旧存在烦琐性、原则性的弊端。就平等权而言，虽然宪法已经规定了公民的平等权，但是就如何实现平等、在哪些方面体现平等这些都

---

[1] 刘娟、刘倩："《妇女权益保障法》对男女平等的人权关怀"，载《中华女子学院山东分院学报》2008年第1期。

需要进一步明确。因此删减或者细化过于笼统、模糊的内容也是完善的手段之一。宪法针对妇女权益的保护应当具有可操作性。

2.明确对妇女权益的特别保护

宪法对于女性的特别保护集中体现在"国家保护妇女的权利和利益""培养和选拔女干部",以及"婚姻、家庭、母亲和儿童受国家保护",即《宪法》第48条第2款和第49条第1款。这两个条款是宪法实行差别保护的典型例证,但该规定过于宽泛,且存在理论争议。宪法作为根本大法,对于差别保护的理论及内容应当通过修订宪法文本或者通过宪法解释的方式予以完善,为其他法律法规出台妇女权益特别保护立法提供宪法依据。其一,应当明确特别保护的适用对象,将其严格限制为特定弱势群体。除婚姻、家庭、儿童之外增加对妇女群体的特殊保护规定,将对母亲的特别保护并入妇女保护的范畴。其二,明确对妇女的特殊保护范围,应当包括社会、经济、政治、家庭、劳动等妇女权益最容易受到侵害的方面。可以在宪法中明确妇女参政的比例,增加对妇女人格尊严的保护性规定。其三,通过专门立法将差别保护具体化。以"外嫁女"土地承包权问题为例,"《妇女权益保障法》规定:'农村划分责任田、口粮田等,以及批准宅基地,妇女与男子享有平等权利,不得侵害妇女的合法权益。妇女结婚、离婚后,其责任田、口粮田、宅基地等,应当受到保护'"[1]。这种对外嫁女的土地承包权予以特别立法保护,是贯彻我国宪法上合理差异保护妇女权益的典型代表。

---

[1]秦前红:"论宪法变迁",载《中国法学》2001年第2期。

（二）以宪法为核心，建立健全妇女权益保护法律法规体系

目前，亟须完善对妇女权益的保护立法，修正不符合女性权利保护的法律法规，进一步明确女性权利的内容。对于社会中一些较为普遍的侵害妇女权益、歧视妇女的突出问题，如性别歧视、性骚扰等问题，尚缺乏专门立法保护，应当加强对相关领域的立法研究，加快立法进程，出台专门的反性别歧视法。目前一些国家已经制定了《社会性别法》，目的在于保护妇女的权益，促进男女性别平等，其中成熟的立法经验我国也可以借鉴。性别的差异不应该成为平等的绊脚石，我们在反性别歧视法中可以明确界定"歧视"的内涵与外延，列出性别歧视的表现方式和行为特征，责任以及如何救济等内容。

此外，《妇女权益保障法》虽然为妇女权益提供了专门的法律保护，但由于立法技术等原因，存在法律本身原则性条款较多、法律责任主体不明确、可操作性不强等弱点，需要进一步修改完善。此外，家庭暴力依然是妇女权益的保护性难题。一方面反映出妇女的维权意识薄弱；另一方面执法机关和相关社会组织对于《反家庭暴力法》理解和宣传不足，执法力度不够，以至于出现即便有些妇女报警，但是警察在调查后也会将其当作一般家庭纠纷处理的问题。同时《反家庭暴力法》本身也存在保护范围窄、举证责任过大、缺少有效的司法救济介入等缺陷，导致法律适用效果不尽如人意。因此，建议完善《反家庭暴力法》《民事诉讼法》中有关家庭暴力的内容，合理设置家庭暴力举证责任，增加施暴者的举证义务负担。除此之外，在劳动领域，针对妇女受歧视的情况，赋予妇女合理的救济手段，规定劳动监察部门有权作出具体的处理意见。全国人

大可以授权国务院针对妇女权益的不平等现象,颁布有针对性的行政法规和规章。

(三)健全合宪性审查制度,完善对妇女平等权的救济

合宪性审查制度,是指为保障宪法实施,国家权威机关对立法行为或国家机关、政党组织和社会团体的行为是否合乎宪法,进行审查和处理,纠正并制裁违宪行为的制度。[1]目前我国宪法对于合宪性审查制度只做了原则性规定,未能对合宪性审查的主体、审查标准、程序和内容等作出明确规定。缺乏程序上的保障,是我国合宪性审查制度的缺陷,也使得对妇女平等权益的合宪性审查难以得到有效落实。在党的十九届四中全会中提出,"要加强宪法实施和宪法监督,落实宪法解释的程序机制,推进合宪性审查工作"[2]。健全合宪性审查机制的关键在于明确合宪性审查的权力主体,从体制上解决合宪性审查主体缺位问题。2018年公布施行的宪法修正案将《宪法》第70条第1款中"法律委员会"修改为"宪法和法律委员会",这一修改为合宪性审查主体的确立提供了机构准备。

此外,还需加快完善宪法实施的保障机制。完善宪法关于男女平等权、对妇女权益的特殊保护性规定内容,通过在《妇女权益保障法》《反家庭暴力法》《民法典》《民事诉讼法》等具体法律中设置男女平等权受到侵害或者遭受性别歧视的救济途径,明确对妇女平等权的救济主体、救济渠道、救济程

---

[1]季卫东:"再论合宪性审查——权力关系网的拓扑与制度变迁的博弈",载《开放时代》2003年第5期。

[2]《中共中央关于坚持和完善中国特色社会主义制度 推进国家治理体系和治理能力现代化若干重大问题的决定》(2019年10月31日中国共产党第十九届中央委员会第四次全体会议通过)。

序，以及侵害妇女平等权益的法律后果，包括对受损权利的补救措施以及违法责任承担等问题。使得"男女平等""禁止性别歧视"等原则具有可诉性，让宪法赋予妇女的包括平等权在内的各项权益，从应然的权利变为实然的权益。

结　语

宪法为妇女权益的保障提供了最为权威的依据。从我国宪法的发展进程可以看出，我国宪法对于男女平等的保护从形式平等发展为实质平等再到差异保护，体现了我国在尊重和保护妇女权益、促进两性平等方面的不断努力，也是实现科学立法、建设法治国家的重要成果的体现。但是，无论在现有的法律规范还是现实的社会生活中，距离真正的两性平等依然存在差距，社会上依旧存在男女不平等和性别歧视的现象，对妇女平等权益的保护还需要长久和持续的努力。在讨论妇女平等权利问题时，必须将之置于法治中国的建设进程中，采取积极措施，以宪法为核心，不断完善和修正妇女权益保护法律体系，加强宪法和法律的实施，才能取得积极的效果。

法理学视角下性别平等
法律制度的立法完善

"坚持男女平等基本国策"已经纳入全面依法治国总方略。"妇女权益是基本人权,我们要把保障妇女权益系统纳入法律法规,上升为国家意志,内化为社会行为规范。"2015年习近平主席在全球妇女峰会上发表重要讲话,申明保障妇女权益的重要性和国家责任。[1]随着男女平等基本国策的深入贯彻,性别平等和性别公正理念在全面依法治国的各个领域得到广泛实践。但从实现性别平等和保障妇女、女童权能的发展目标来看,性别平等和不歧视妇女的原则仍未完全实现,还有很长的路要走。因此,从法理学的角度研究性别平等在立法方面的体现及其在执法、司法和守法方面的实现,显得尤为重要。

一、法理学视角下性别平等法律制度的创制

法理学是一门以一般法律理论为研究对象的学科,涉及法律社会学、法律经济学、法律政治学等一系列领域。当前社

---

[1] 田珊檑:"纪念北京世妇会25周年暨全球妇女峰会5周年丨加速妇女全面发展的中国方案",载《中国妇女报》2020年9月16日。

会，想要实现男女平等，其背后必然需要强有力的制度支撑，而其中，法律毫无疑问是最为适合的权利保障依据。为了实现这一目标，需要从立法入手，来保障妇女的平等权益。所谓的立法，就是指法律的制定，这是国家的一项系统工程，同时也是法律运行的前提和关键。对我国性别立法进行评述，是增进对我国性别平等立法现状的认识，尤其是增进对妇女权利保障相关立法现状认识的第一步。

（一）妇女地位的法律确认和保护

妇女地位、权利的体现主要来源于法律层面上的认同和保护，以及在现实社会中如何将其实践化，使其转变为现实的社会关系。其中应当包括：妇女拥有哪些法定权利；如何通过法律来维护这些权利的正常实现；以及在权利受到侵害时，如何对其进行补救和纠正；如何对侵害人施加惩戒等。以上这些既是确认妇女法律地位的一种规范标准，更是相关法律运行和调整的基石。它的作用不仅仅在于明确妇女的权利、地位，同时还在促进男女平等、扭转妇女性别劣势方面起到了重要的指导和保障作用。

（二）法与政治——关于平等参政议政的立法

男女平等是一个具有广泛包容性的综合概念，其中政治地位和经济关系是最为重要的两项指标。而要提高妇女的政治地位，离不开对其政治权利的保障。所谓的参政权，指的是有关主体遵循宪法和其他法律的规定，依法参与国家政治以及社会事务公共管理的权利。在当前时代，妇女参政问题已成为世界各国共同关注的重要问题。各国普遍认为：一个国家的妇女参政程度是衡量其性别是否平等的重要标准，更是衡量一个国家文明程度的重要指标。[1]在女性的政治参与权中选举权与被选举权居于首要地位，下文将以我国妇女选举权的立法实践为例进行论述，从而更为直观地展现我国妇女参政权的发展历程。

中华人民共和国成立后，颁布了一系列法律来保障妇女参政权，使妇女参政议政有法可依，略述如下：

由于在1954年以前我国还没有正式颁布宪法，1949年颁布的《共同纲领》则起到临时宪法的作用，首次明文规定了男女享有平等的政治权利。1954年，该条规定被纳入宪法。后来在1975年、1978年、1982年三次大的修宪过程中都对妇女平等的参政权利进行了明确规定。我国现行《宪法》第34条规定："中华人民共和国年满十八周岁的公民，不分民族、种族、性别、职业、家庭出身、宗教信仰、教育程度、财产状况、居住期限，都有选举权和被选举权；但是依照法律被剥夺政治权利的人除外。"此外，第48条第1款还规定，我国妇女在政治、经济、文化、社会和家庭生活等各领域都与男性享有平等的权利。随后，我国为保护妇女权益而专门制定的《妇女权益保障法》也对妇女的政治权利进行了明确规定，其中第10条至第13条都涉及了妇女的政治权利。第10条规定，妇女有权通过各种途径和形式，参与国家、社会事务管理；妇女组织有权向各级国家机关提出妇女权益保护方面的意见、建议。第11条规定，妇女享有与男性平等的选举权和被选举权。全国人民代表大会和地方各级人民代表大会的代表中都需要有适当数量的女性代表参会，同时还应当逐步提高女性代表所占的比例。第12条规定，国家采取积极的手段来培训和选拔女干部。无论是国家机

---

[1]纪建文、钟丽娟："妇女参政权的法律保护"，载《理论导刊》2002年第3期。

关、社会组织，还是企事业单位，都必须在选拔干部时充分考虑男女平等，对女性干部的培养和选拔予以重视。第13条规定，各级妇联及其团体会员可以向国家机关、企业事业单位等组织推荐女干部。这些规定都明确表明，在参与选举、管理国家和社会事务方面，女性拥有和男性相同的政治权利和参与自由。此外，《选举法》也对妇女的选举权和被选举权进行了规定，并具体阐释了其参政条件。其中总则第4条规定，凡年满18周岁的中华人民共和国公民，不分民族、种族、性别、职业、家庭出身、宗教信仰、教育程度、财产状况和居住期限，都有选举权和被选举权。尤其是在1995年修正《选举法》时，在其第6条第1款特别规定了："全国人民代表大会和地方各级人民代表大会的代表中，应当有适当数量的妇女代表，并逐步提高妇女代表的比例。"这突出表明了我国立法对于妇女参政议政权利的重视。

从我国对于妇女参政权的立法历程来看，我国法律不仅明确了妇女拥有与男性同等的政治权利，还以专门法律的形式对其进行了保障，从而使妇女的政治权利更加明确化和具体化。很明显，就妇女参政而言，中国无疑对此非常重视，通过一系列的立法实践，实现了妇女与男性在法律上的权利平等，这意味着我国妇女参政权利的有效确立以及政治地位的提高。

（三）法与经济——关于平等劳动的立法

在经济方面，女性的就业能力和就业机会与女性在社会上的经济地位紧密相关。劳动权作为一项基本人权，妇女理应拥有与男性同等的权利。在当今社会，就业权的实现能够有效提高妇女的社会地位和家庭地位。同时，劳动就业权与女性的受教育权紧密相连，更是鼓励妇女参政的重要动力。自1949年以来，我国政府始终高度重视妇女在劳动与就业方面的权利，并为此专门制定了一系列的保护妇女劳动就业权的相关法律。其中《宪法》第48条就规定，我国妇女在政治、经济、文化、社会、家庭生活等各个方面都享有与男性平等的权利。同时，国家实行男女同工同酬，并积极地培养和选拔妇女干部。宪法的这项规定，明确了妇女的基本权益，从根本上肯定了对妇女权益的保障，同时也为其他法律制定相关保障性规定提供了重要依据。《妇女权益保障法》第23条规定，除不适合妇女从事的工作外，任何用人单位都不能在入职方面以性别为由拒绝女性，也不能提高女性入职的门槛；第25条也明确规定，女性在晋级、晋职、评定专业技术职务等方面应当与男性同等对待，不得歧视妇女。1994年颁布的《劳动法》第12条规定，劳动者就业，不因民族、种族、性别、宗教信仰不同而受歧视。第13条则对女性平等的就业权予以更为详细的规定。2012年颁布的《女职工劳动保护特别规定》以附录列示了不得安排女职工从事的劳动范围，这一范围由国务院安全生产监督管理部门会同人力资源和社会保障部、国务院卫生行政部门拟定，并根据经济社会发展情况进行调整。从而排除了企业在此范围之外以岗位不适合女性为由拒绝录用女性的情况。这些法律的设立均旨在保护女性职工劳动和就业的权利。它们围绕着妇女平等就业权制定了一系列详细具体的规定，具备较强的可操作性，取得了良好的社会反响。另外，一些法律法规还专门针对妇女劳动提出了一些特殊的保护。如《妇女权益保障法》第27条第1款就明确规定，禁止任何单位以婚孕、产假、哺乳等情形为由单方面辞退女性职工。2008年正式实施的《劳动合同法》第42条中也对用人单位与处于孕期、产期、哺乳期的女职工解除劳动合同做出了禁止性规定。《女职工劳动保护特别规定》第5条更进一步规定用人单位不得以女职工怀孕、生育、哺乳为由降低女职工工资、予以辞退，或解除劳动合同。

保护妇女的特殊权益极其重要。女性员工与男性员工相比有很大的生理差异，这些特点对女性的生理和心理都有很大的影响，这导致她们在工作中容易遭遇不平等待遇。保护她们的权益对于她们的就业有着重要的意义。就立法层面而言，完善这方面的法律法规，能够从法律层面给予妇女一定的支持和保护。

（四）法与社会——关于教育的立法

教育是提高妇女自我意识、推动男女平等竞争的重要前提条件。只有保障女性的受教育权，才能转变社会中男尊女卑的传统观念，提高女性的社会地位，进而保障妇女平等的就业权和参政权。在我国，《宪法》和《妇女权益保障法》《义务教育法》等各项法律都明确规定了妇女的受教育权并予以保障。

《宪法》第46条第1款规定："中华人民共和国公民有受教育的权利和义务。"这是妇女作为公民得以有权接受教育的重要依据。早期的中国法律中虽未明确地提出妇女的文化教育权这一概念，但在中华人民共和国成立后，由于国家重视和强调妇女在社会中的作用，女性的受教育权得到了很好的发展。我国女性在很大程度上享有与男性同等的受教育机会。后来颁布的《妇女权益保障法》《义务教育法》《教育法》进一步明确规定，严禁在教育中歧视妇女。尤其是在《妇女权益保障法》

中，该法第三章用了整整7条内容来具体描述妇女在文化教育方面的权利。其中第15条规定，国家保障妇女享有与男子同等的文化教育权利；第16条规定，保障妇女在入学、升学、学位授予、出国留学等方面的平等权益是学校及其他相关部门的法定责任。第17条要求学校在教学、管理、设施等方面采取符合女性青少年特点的措施。第18条规定政府、社会和学校应当采取有效措施，解决适龄女性儿童少年的入学困难，并创造条件，保证贫困、残疾和流动人口中的适龄女性儿童少年完成义务教育。第19条又规定，各级人民政府需要采取适合女性特点的工作方式，组织和监督相关部门做好对女性的扫盲和扫盲后的继续教育工作。第20条规定，各级政府和相关部门应该采取措施为需要的女性提供职业培训和职业教育机会。由此可见，我国一系列教育法律法规对保障妇女受教育权都给予了极大的重视。男女平等的受教育权利被各类法律法规所明确。这些规定使我国女性得以获得与男性平等的受教育机会和发展机会，从而保障了她们在社会生活和家庭生活中与男子平等的地位与权益。

二、性别平等相关法律制度的运行效果

（一）参政议政相关法律的运行效果

虽然中国妇女参政取得了可喜的成绩。然而，传统社会的偏见和价值取向、女性自身的综合素质、女性干部培养选拔制度的不完善、工作与家务的矛盾等各种因素依然阻碍了中国妇女政治参与程度的进一步提高。与全球性别差距较小的国家相比，中国妇女的参政水平与相对数量仍有一定差距。尽管妇女在参政深度和广度方面都有所发展，但在男女干部的比例方面

仍然不平衡。

首先，妇女参政率普遍不高。当前，我国参政人口中男女比例并不平衡，其中女性所占比例依然较小，男女之间人数差距较大。《妇女权益保障法》有明确规定，国家应采取措施，逐步提高全国人民代表大会和地方各级人民代表大会的妇女代表的比例；居民委员会和村民委员会中应当有足够数量的妇女名额。虽然我国部分地方立法采用了配额制来保障妇女的参政权，但在实际执行过程中却因缺少有效的实施方式和监督机制，导致这一规定未能很好落实。此外，也有一些学者认为，我国通过各种优惠条件来综合选拔妇女干部，其效果并不理想。由于可选拔的成员数量有限，通过享受各种优惠政策而获得选拔机会的妇女干部，虽然可以代表各方面，但其本身却未必具备足够的政治素质，而那些真正具有足够的参政意识和管理能力的女性，却难以实现她们的抱负。

其次，处于领导地位的女性所占比例依然较小。通过对中华人民共和国成立前后妇女参政比例和人口比例进行对比可以发现：从绝对的数量来看，我国在促进妇女参政方面取得了极大的成果。然而，从比例上看，在我国各级管理机构中，处于领导地位的女性所占的比例依然较低。如在第十三届全国人民代表大会女性代表所占比例最高，达到代表总数的24.9%；同届人民代表大会常务委员会有委员共159人，其中女性委员18人，占比11.3%；全国政治协商会议第十三届委员中女性委员占比20.4%；中国共产党第十九次全国代表大会中，女性代表占比达到22.95%。[1]且女性代表、委员中多存在兼具双重甚至多重身

---

[1] 参见国家统计局2019年公布的《中国妇女发展纲要（2011—2020年）》统计监测报告。

份的现象，以少数民族女性代表为例，第十三届全国人民代表大会少数民族代表438名，其中女性代表184名，所占比例高达42.01%。[1]

再次，担任领导职务的妇女多任职于科教文卫等部门，而在党政、综合经济等部门内，女性所占比例仍然较少；从当前的趋势看，女性领导大多担任副职，担任正职的数量在不断减少；女性大多担任荣誉职位，掌握实际权力的所占比例较少；女性干部之间年龄断层严重，处于中高层领导地位的女性大多年龄较大，而后备干部显得不足。在当前的各个机构和部门中，选拔管理人员时依然偏向于男性，这就很大程度上挤压了女性的晋升空间。由此可见，当前我国干部队伍的结构层次现状，对消除男女差距产生了一定的消极影响。

最后，在妇女较为集中的部门，女性领导的比例也较低，且在教育、文化、卫生、民政等部门相对集中。根据联合国的有关规定，这些部门中女性领导的比例应接近女性雇员的比例，但事实上，这些部门中女性领导的人数与男性领导的人数仍有很大差距。就社会环境而言，依然有许多不利于妇女参政的公众舆论，并对妇女参政存有相当程度的负面影响。相当多的人认为妇女属于弱势群体，应该受到保护，但她们不应该站在领导者的前列。一些决策权不能被妇女掌握，她们也被错误地认为不能承担沉重的责任。

（二）文化教育相关法律的运行效果

从目前的文化教育现状来看，女性的文化教育权利总体

---

[1] "新一届两会代表委员中女性比例再创新高"，载https://www.sohu.com/a/223976701_348947，2021年6月5日访问。

是得到保障的，但在局部与细节存在不足之处：第一，女性的文化水平依然低于男性。在我国70多年的发展历程中，高等教育中女性占比已经达到一半。2019年，在校女性研究生达到144.8万人，占比达到50.6%。这些数据表明了女性高等教育的发展成果，但在不同院校及不同专业中，也存在性别差异畸重的现象。第二，女生的入学率低于男生，然而辍学率却比男生要高。例如，在中国西部地区，部分女孩上小学一年级或二年级就辍学了。一方面，其所在的家庭或宗族确实存在经济困难；另一方面，其家庭与宗族对教育认识不够，认为女孩可以学习也可以弃学从工。依据相关统计数据，全国34个省、市、自治区中，女童入学率在96%以上的省、市、自治区有23个，在90%至96%的省、市、自治区有4个，不到90%的有3个。7岁至11岁未入学的学生中，70%是女童。整体而言，辍学的学生中，女性占75%。[1]

（三）劳动就业相关法律的运行效果

人们已经认识到妇女劳动就业权的重要性，但在实现这一权利的过程中仍存在许多令人担忧的问题。虽然世界各国都制定了相应的法律来保护本国妇女的劳动和就业权利，但世界上没有哪个国家或地区能够使妇女完全享有法律所规定的充分就业权利。妇女劳动就业权利存在的问题值得全社会关注，我们应该更清楚地看到女性就业所面临的困难：

（1）妇女缺乏就业机会。从理论上讲，所有具有工作能力、达到工作年龄的人都应该有平等的机会申请就业，任何人

---

[1] 陶东杰、王军鹏、张克中："家庭规模、资源约束与子女教育分布——基于CFPS的实证研究"，载《华中科技大学学报（社会科学版）》2017年第2期。

或雇主不得剥夺、排斥或限制她们。然而，在我国社会实践中，女工受到限制、剥夺、排斥和损害的现象较为普遍。另一方面，招聘标准也不平等——对于不同的工作、地点、环境，制定不同的就业标准是合理且必要的。但是，对于同一工作环境和同一岗位的工作来说，仅由于员工的性别不同，就随意提高某一性别的就业标准则是不被允许的。比如各种"只限男性""只限女性"的招聘启事屡见不鲜，甚至在许多事业单位招聘中也存在类似情况。此种情况导致女性直接被剥夺了某些工作的竞争机会，迫使女性只能与男性竞争一些已被"只限男性"所过滤掉的工作。

（2）从总体上来说，妇女的就业水平依然处于较低层次。在面对社会与职场时，妇女可选择的就业机会并不多。其中多为层次较低的工作，其劳动价值并没有得到社会的足够重视。在社会中的多数人看来，这些职业对社会的贡献远低于其他职业，而从事这类职业的妇女劳动报酬相对于其他行业来说也明显较低。这种现象本质上是对妇女劳动就业权的隐性侵犯，是对妇女的一种不公平对待，不利于妇女对自身权利的自我追求和实现。

（3）女职工权利保护不彻底。即使那些找到工作并正在工作的妇女，她们的就业权利保障也需进一步完善。例如，针对女性特殊生理特征的保护措施不能彻底实施，许多禁止女性从事的危险工作依然广有市场。对于一些在特殊岗位工作的妇女，过高或过低的温度和湿度，以及噪声等不良环境，严重损害了她们的身体健康；另外，一些妇女在经期、孕期等特殊时期所应当实施的保护并没有得到很好的落实，这必然对其身体造成伤害。此外，女性在劳动合同的签署方面也处于劣势。当生产效率降低或是生产成本提高时，一些用人单位便会想方设法地辞退女性员工。这一行为不仅直接损害了女性在就业方面的基本权益，还导致女性在求职和就业过程中承受额外的心理压力。

（4）失业妇女保护需要加强。女性失业现象比男性更为严重。由于高新智能的应用、产业结构调整和企业经营等原因，总会出现失业危机，在面对这些危机时，妇女显得更加脆弱，而妇女的再就业情况也不容乐观。因此，在妇女重新选择工作时，更应注意保护她们的权益。

妇女就业问题上的歧视，严重侵犯了妇女的就业权利，影响了妇女其他权利的实现，并对妇女群体和整个社会产生了不利影响。

三、法理学视角下性别平等法律制度的评价

（一）性别平等法律制度的立法价值

1. 体现保障人权的法治观念

2004年，"国家尊重和保障人权"被纳入宪法修正案，从那时开始，我国的人权保护实现了从理论到实践的全方位覆盖。目前，我国人权保障领域已经建立起以宪法为核心，以法律为主体，以行政法规和地方性法规为补充的较为完备的系统框架。但是，法律具有一定的宽泛性和原则性，这便导致法律在实际运行过程中存在一定程度的空白地带。平等权是我国公民的一项基本权利，对平等权加以保障，是我国人权发展的重要一步。而在平等权的内涵中，两性平等是其应有之义。对男女平等的保护性规定，既有利于从宪法层面丰富平等权的理论内

涵，又有利于完善我国的人权法律体系，从而进一步实现对人权的尊重和保障。宪法是我国的根本大法，也是我国其他法律制定的重要依据，发挥着不可替代的重要作用。因此，宪法在男女平等这一方面能够对其他相关法律、法规的制定发挥良性的指导作用，从而促进我国两性平等现状的改善，完善两性平等的建设之路。宪法将男女平等纳入其中，并对其进行明确规定和系统阐述，亦是对人权理念的进一步探索。它在平等权方面完善和丰富了我国的人权理论，为法律价值的实现提供了理论基础。

2. 体现自由平等的社会主义核心价值观

我国宪法赋予中华人民共和国公民平等权；妇女在各个领域都拥有与男子平等的权利。同时，社会主义核心价值观也明确强调了"平等"这一价值理念。平等权作为我国公民的一项基本权利，对保障公民正常参与社会生活有着重要的作用。而其中，性别平等是公民平等权的一项重要内容。但是，我国宪法对于平等权相关规定依然比较宽泛，面对许多现实问题尚存有漏洞。在我国经济发展、社会转型加剧的同时，性别歧视问题也日益凸显。除了传统观念的不良影响外，立法方面的缺失也是导致这一问题出现的重要原因。面对复杂多样的性别歧视现象，当前法律无法完全覆盖性别矛盾的方方面面，也没有办法解决所有的性别歧视纠纷。因此，对性别平等的研究，有利于对平等权进行深入探索，使得男女平等得以在法律上进一步地细化和具体化，从而更好地完善和发展对公民平等权的保障。

3. 实现社会长治久安、体现"中国之治"的必由之路

国家由家庭组成，而构建和谐社会，和谐家庭是基础。男

女的家庭地位也是社会地位的反映。社会生活中依然存在诸多的女性受歧视现象，妇女在社会分工、就业待遇等方面的平等地位难以得到保障，而这进一步导致妇女在家庭生活中的平等地位受到破坏。当前，屡禁不止的家庭暴力行为、骇人听闻的拐卖妇女犯罪，以及社会生活中无法消弭的性别歧视，无不折射出对妇女权益的侵害。在宪法层面对男女平等予以明确和肯定，是保障女性平等社会地位和社会待遇的基础。同时，这也是维护两性家庭地位平等、消除家庭暴力的根本方法。平等的家庭秩序是构建和谐社会的前提条件。法律所明确的男女平等原则，也必然会体现在家庭之中。因此，在法律层面上明确强调两性平等，对于保障家庭地位平等、促进社会和谐，乃至实现社会的长期稳定，都有着重要的积极意义。

（二）性别平等法律制度尚不完善的原因

1. "传统男女平等观"已不适应实践情况

男女平等作为我国的基本国策为众人所熟知，但要想真正地理解其内涵，确立正确的平等思想，克服社会中的性别歧视并不容易。在现今社会，男女平等观念依然受到许多人的误解。

"平等"并不是一个空泛的词语，它在生活实践中包含着丰富的内涵。从古至今，类似"生物性别决定论"和"男性能力强于女性"的偏见观点始终存在并延续传播，不断地向社会传递和强化男女不平等的观念。在当前社会中，总有人有意地把男女之间的生理差异曲解为能力和地位的高低，接受并主张"男尊女卑"的说法。这种观念不仅出现在一些文化水平较低的人的思想中，也存在于一部分高文化、高水平的人的思想当中。同时，一些女性也在这一不平等现象的影响下，产生了

"女不如男"的意识。

"男女平等"不能直接地解读为"男女之间的绝对平等和一切平等",这一错误观念容易使人落入形式平等的陷阱,从而导致实质上的不平等。其中,职场晋升方面的例子最为明显,一些女性干部为了和男性进行平等竞争,一味地去追求与男性的同等标准。这一向男性标准看齐的行为,依然是男性集权的体现。"时代不同,男女相同"是我国早期的一种社会主张。诚然,这一主张促进了妇女自我意识的觉醒,也推动了我国妇女的解放。但同时,由于其忽略了女性与男性的生理差别,导致女性的生理健康受到了严重的损害。单纯地在形式上追求男女平等,机械地把"男女平等"解读为"男女一切平等",明显是对妇女解放价值取向的扭曲,违背了保障男女平等的初衷。

还应该指出,"男女平等"并不等于过度的政策倾斜和照顾。许多人都忽视了妇女的独立人格和自主能力,将她们视为绝对的弱者和受保护者,而非与男性平等的社会参与者。一些地方政府为了保障妇女就业,制定了一些长期的政策倾斜和照顾机制。这一保护性的行为,表面上似乎可以保障妇女的就业权利,减轻其就业压力,帮助妇女摆脱工作与家庭的双重负担,但在实际的实施过程中,这种"区别对待"也会成为另一种隐性歧视的诱因。一方面,如果妇女过于依赖这些保护性规定,并不利于她们个人能力和职场竞争力的提升;另一方面,通过倾斜政策获得职位的女性还容易受到领导、同事等的进一步歧视和非难。

社会发展呼唤性别平等,我们需要用更精确的语言来表达性别平等的内涵。目前，中国对男女平等的态度是"男女差别，特殊保护"。虽然"特殊保护"解决了许多损害妇女权益的问题，但也阻碍了妇女意识的自强与复苏，甚至"妇女边缘化"的意识也死灰复燃。因此，一些学者主张废除"特殊保护"。然而，应当指出，在实践中对妇女的大量歧视不是由"特殊保护"造成的，而是由于缺乏其他配套法律制度和相应的救济机制，甚至是由于缺乏两性平等的社会文化。如果在现阶段取消对妇女的"特殊保护"，只会导致妇女在现实生活中获得的特殊权益的丧失，进一步加剧对妇女的歧视。因此，"特殊保护"在当前的社会仍有其现实意义。

总之，在物质文明没有高度发展，人们的平等意识没有真正形成的前提下，只强调男女形式和机会的绝对平等，而忽视或淡化实质和结果的平等，无疑是违背性别平等原则的。实质平等，应当兼顾机会、形式、结果与本质。同时，在历史上性别歧视的惯性依然存在的现实下，我们应该更加注重对实质平等的构建，使妇女的平等权利能够真正实现。

2. 立法主体缺乏人文关怀

在以经济建设为中心的社会发展模式中，立法主体往往更加关注经济发展，而性别平等意识相对缺乏。这一情况主要表现为：其一，国家更加重视经济增长，但对性别差异关注较少；其二，执行男女平等的政策更多地被视为妇联、民政部门的职责，而不是国家整体的行为；其三，在立法中，更多地考虑对经济增长、环境生态和国家人口政策的影响，而较少考虑对性别平等的影响。此外，在立法主体中，女性主体在数量和地位上都处于弱势地位，这一领域由男性主导。这种以男性为中心的权力结构,将不可避免地影响性别概念在法律条款中的表达,这种表达无疑更容易基于男性地位和男性视角。而立法主体中,人数少、权重低的女性主体不愿意表达自己的观点,故而在很大程度上保持了缄默。

3. 缺乏女性团体及学者参与的长效机制

目前,立法机关中的男女比例仍然很不平衡,因此有必要在立法过程中形成有效的性别信息输入机制。这样,立法者在制定法律之前,需要考虑的文本内容以及法律评估体系就不会明显缺乏性别意识。在我国,妇联组织、民政部门、法律工作者和其他社会学领域的学者都有参与立法的经验,但还没有系统的机制来保障这一点。因此,当上述组织和人员在立法过程中传递与性别有关的信息时,较难确认立法者能有效地采纳多少信息并依此制定何种文本。

四、性别平等法律制度的立法完善

中华人民共和国成立以来,我国在保障妇女权益、促进男女平等方面取得了令人瞩目的成就。但是,通过上述分析,我们能够发现,男女平等在我国相当程度上还处于形式平等的阶段,无论是在立法、司法还是执法方面,男女平等的观念还没有被充分反映在实践当中,实质的性别平等也尚未实现。

首先,为了解决这一问题,笔者从法社会学、法经济学等角度出发,认为我国应首先将性别平等理论落实到立法层面,让立法机关在立法过程中充分考虑女性权益、探究社会问题背后隐藏的性别歧视,进而完善立法,弥补相关法律漏洞,实现实质性的性别平等。

其次，加强执法。执法作为遏制和惩治违法行为的重要手段，是各国在完善立法后需要考虑的第二个重要问题。特别是在我国，很多问题都是在立法层面上已经被权威规制、形成顶层设计，但在执法层面上总是存在着各种各样的问题，使得执法力度薄弱、执法效果难以保证。在实现性别平等的过程中，执法问题，即法律的执行，无疑也应值得我们关注。

再次，提高全民法律意识。在对妇女参政现状的分析中，笔者提到我国妇女对自身权利的认识普遍薄弱，特别是在广大农村地区，妇女有效行使权利的可能性极小，妇女容易受到侵害且家庭暴力案件频发，这与妇女法律意识薄弱、法律知识缺乏直接相关。因此，提高我国公民的法律意识对实现我国人权保障来说十分重要。它不仅是实现女性平等权利的首要前提，也是我国保障妇女权益、促进男女平等的重要环节。

最后，在立法和执法两个方面之外，还必须构建合理的监督机制，以实现对相关工作的实时核查监督。只有这样，才能够真正实现"科学立法、严格执法、公正司法、全民守法"的新时代中国特色社会主义法治的建设方针。所设立的监督机制不仅应该负责对执法机关进行监督，还应当确保公民权利的落实。当妇女的权益受到损害时，她们可以通过监督机制进行咨询或求助，从而进一步消除社会性别歧视现象，促进社会公平与正义发展。

（一）厘清性别平等的含义

我国宪法虽然对女性的平等权利进行了明确规定，却没有详细解释"平等"的具体含义。无论是平等的内涵、平等的标准，还是平等的具体规定，法律都没有涉及和解释。笔者认为，宪法中所提到的"平等"概念较为抽象和宽泛，难以应用于实际操作之中。因此，我们首先需要对"男女平等"这一概念制定明确的标准。简单而言，性别平等的概念应涵盖以下几点：

首先，性别平等要消除因男女生理结构差异而导致的歧视性心理和行为。尽管男女在生理结构上存在差异，但这种差异仅能在客观上一定程度地影响其各自在社会分工中的劳动角色。例如，体力和体格的差异，使得体力劳动更倾向于选择男性来承担；手工和精细制造业更倾向于选择女性来完成。以上选择是自然选择的结果，但是，这一选择仅仅是一种倾向，并不是一套严格的规则。强壮的女性也能够担任体力工作；而足够细心和耐心的男性也可以胜任手工工作。因此，一厢情愿地为妇女划定工作范围，将"心灵手巧"作为女性的固定标签，是不符合社会现实，且背离男女平等理念的。

其次，人们应该承认，一些针对男女不同性别采取的不同措施，并不一定等于歧视。也就是说，不存在绝对平等，差别待遇的合理性也应当得到承认。妇女一直被列为弱势群体，这不仅体现在生理结构、体力和体质上，还体现在各方面中。例如，在各类刑事案件中，妇女往往是拐卖妇女、强奸、性骚扰等侵犯人身权利案件的受害者；在就业领域，存在对女性职位的限制和排斥；在教育领域，女性的平均受教育水平低于男性等。这些问题不仅是由于她们的自然属性所决定的，更是由于社会文化和社会环境造成的。因此，抛开辩证平等的思维方式，机械地追求男女在各方面完全平等，既不客观，也不科学，更不可行。根据马克思辩证唯物主义理论，我们可以得知,纯粹的平等或不平等是不存在的,世间万物都存在辩证统一的两个方面。因此,以尊重不同性别的生理差异为基础,来制定相应的保护性法律,是改变妇女弱势地位、实现性别实质平等的重要方法。立法者在对"性别平等"进行阐释归纳时,应当涵盖差异保护的内容。既要保障妇女与男性的平等待遇,又要根据女性的生理差异,对女性给予特殊的法律保护,以实现男女之间的辩证平衡。只有这样,法律才能充分和具体地保护两性平等的权利,实现两性权利的实质性平等。

(二)量化性别平等的标准

从上文对妇女参与政治、参加就业、获得教育的分析可以看出,我国在各个领域对妇女权利的保护总体尚可,但局部依然需要完善。性别歧视现象,在就业等与民生相关的领域普遍存在。事实上,宪法和法律在性别平等权的一般性规定中过于宽泛,性别歧视之所以层出不穷,不得不说与当前性别平等标准的模糊性直接相关。要解决这一问题,我国宪法及相关法律应该对"性别平等权"的标准做出详细规定,使各个领域都有明确的法律参照,做到有法可循,从而保证性别平等在实践中的有效实施。例如,在妇女参与政治和决策方面,现行法律规定女性代表的人数要保持适当比例的条款较为含混,显然不能有效体现对妇女权利的保护。具体而言,相关法律规定可以适当增加女性代表的比例,特别是在全国和地方各级人民代表大会代表中的占比。此外,也应明确界定政府机构中的领导岗位及相关委员会中女性官员的人数。在促进就业方面,可以制定新的法律、法规及政策,规定女性雇员代表的人数以及女性董事、监事和高级管理人员的人数所占全部高级管理人员总人数的比例不得过于悬殊——这一政策可先在国企设置试点。在劳动层面，同等条件下，应优先考虑将妇女就业和培训完成程度作为政府对企业补贴的标准。在退休制度中，可以按照不同行业规范，取消或缩小现行法律中的男女退休年龄差距。

在关于女性，特别是已婚女性的人身权利、人格权利方面，相关法律对于虐待在多大程度上构成犯罪，以及如何处理虐待行为和赔偿受虐待妇女尚未作出详细解释，导致在司法实践中虐待罪与故意伤害罪极易被混淆。笔者认为，这些漏洞和模糊的规定可以通过修改法律进行修正。立法机关可总结分析各类虐待妇女案件，探讨妇女在生活中受到的歧视和不公平待遇，在制定相关立法和司法解释时，注重听取女性专家的意见，使立法和司法解释能够为实际工作提供法律依据。现行《刑法》未直接规定家庭暴力的构成要件和定罪标准，而是通过虐待罪、故意伤害罪等予以规制，受害者被鉴定为轻微伤或轻伤的，往往依据《治安管理处罚法》或《刑法》中的虐待罪进行规制；轻伤以上的才会纳入公诉范围，由《刑法》中的故意伤害罪予以调整，对家庭暴力的震慑力度严重不足。笔者认为，可在《刑法》中增设家庭暴力罪关于规制"家庭暴力"的条款。此外，对于情节轻微、危害不大的侵害行为，可以建立家庭暴力刑事案件的和解制度。

（三）落实性别平等责任主体

任何法律都应该明确权利与义务的关系，当权利受到侵害时，法律也应该明确相关的救济渠道。就性别平等而言，当妇女的平等权利受到侵犯时，许多妇女尚不知道如何寻求救济以及在何处获得救济。有人认为妇联是维护平等权利的执法机构；有些人认为政府应该大包大揽；有些人则向人民法院提起诉讼，但在人民法院的裁判过程中，通常是禁止直接援引宪法条文的。这使得保护性别平等权的法律实施步履维艰，女性平等权所受到的侵害难以得到有效保障。因此，笔者认为，在明确性别平等权的救济途径时，首先，应增强相关法律的可诉性。以《妇女权益保障法》为例，该法第52条规定，妇女合法权益受到侵害的，有权要求有关部门依法处理，申请仲裁或者起诉。但该法重实体赋权而在程序性权利方面保障不足，尚有一些权益无法通过诉讼途径施行救济，例如平等权。因此，应当增加妇女在受教育、劳动就业等方面平等权受到侵害时如何诉讼的特别规定，具体应当包括案由、诉讼类型、管辖法院等。其次，要调整权益保障责任主体过于宽泛的规定，明确责任主体，细化救济程序，从而明晰妇女权利保护的方式，使其更具可操作性。《妇女权益保障法》第4条明确指出保障妇女合法权益是全社会的共同责任。国家机关、社会团体、企事业单位、城乡基层群众自治组织，都应当保障妇女权益。从立法导向上看，全社会承担保障妇女的责任是一件好事，但过于宽泛的责任主体既不利于责任落实，也会使妇女对维权感到迷茫。因此可以设立专门的平等权利救济机构，专门处理涉及平等权的投诉。

保障妇女的诉求得到正面回应的关键在于实现各部门法之间的联动配合。要想做到这一点，对部门法进行完善是必不可少的。例如，当前我国妇女的就业权益主要由《劳动法》和《妇女权益保障法》进行保障。而其他的一些条例、办法虽然对此有所涉及，但其效力终究有限，且分布零散。考虑到这些问题，我国不仅要在促进性别平等、保障妇女权益方面完善现有法律，还需要针对具体国情、民意以及社会突出问题制定更加具有实践性的法律法规。在这个问题上，中国可以借鉴其他国家的立法经验，如英国的《同酬法》、美国的《民权法》和《怀孕歧视法》等。[1] 通过制定专门的法律，可以丰富两性平等的法律体系。以促进男女平等就业方面为例：在同等条件下，女大学毕业生的就业领域和招聘比例明显狭窄于、低于男性大学毕业生。企业在招聘相关职位时，不仅会考虑应聘者的个人能力和相关专业背景，还会考虑男女的生理和社会特征。他们认为女性求职者在耐力和抗压能力方面不如男性求职者，而招聘女性还意味着更多的事假、病假、婚假和产假。为了避免这些"麻烦"造成的低效率，企业往往喜欢在招聘条件中增加一个条件，即常见的"本岗位仅接受男性"。的确，当前法律中有针对女工的特殊保护条款，而正是限于这些条款的特殊规定，企业才不得不基于利益考量而对女工采取排斥态度。但归根结底，企业拒绝女性求职者，不是由于特殊保护法律法规带来的，而是由于我国法律尚不完善，企业也缺乏更规范的制度约束，使得就业领域出现了屡禁不止的"性别歧视"现象。

结 语

在浩浩荡荡的世界潮流下，全面落实男女平等，提升公民的法律意识已是大势所趋。只有抛弃过去男尊女卑的封建观念，接受男女平等的现代思想，才能真正实现男女平等和社

---

[1] 黄桂霞："女性生育权与劳动就业权的保障：一致与分歧"，载《妇女研究论丛》2019年第5期。

会公平正义。从法治发展的要求来看，无论是立法、执法、司法还是守法，都是必不可少的环节。而其中，对立法进行完善是其首要步骤，也是后续执法、司法工作开展的前提。笔者认为，应在立法层面完善两性平等，充分考虑法律对于社会、经济、政治的影响，才能够完善立法、革除弊端，最终实现性别平等的和谐社会局面。

第二章　婚姻家庭领域的男女平等

《民法典》对男女平等的考量与阐释

2020年5月28日，我国《民法典》正式诞生。在制定和编纂过程中，《民法典》充分吸收了我国法治进程中的先进经验，将民事法律整合为规范、统一的有机整体。我国宪法中的男女平等原则，在《民法典》各分编均有所体现。其中，"婚姻家庭编"较为集中地体现了对男女平等原则的落实与保障，及时关注并回应了天价彩礼、夫妻共同债务等社会关注的热点问题，并且和其他分编一起，为男女平等提供了法律上的解决方案。

一、男女平等原则在婚姻家事法律中的演变

（一）男女权利平等——破除旧式观念

1950年，中华人民共和国颁布了成立后的第一部法律——《婚姻法》。这是一部在我国法治史上具有独特地位的法律，不仅将广大妇女从几千年的封建枷锁中解脱出来，而且为以后《婚姻法》的修订打下了坚实的基础。

由于封建婚姻制度尚未铲除，当时仍受旧传统、旧思想的影响，全国绝大多数妇女在结婚、离婚方面并没有选择的自由。立法的当务之急是废除封建传统婚姻家庭制度，塑造新社会下的婚姻家庭观念，倡导婚姻自由和男女平等。这部《婚姻

法》共8章27条。从条文中可以看出,《婚姻法》主要特点表现为"废与立",即废除旧式的婚姻制度,包括包办强迫、男尊女卑、漠视子女利益等封建婚姻制度;建立实行男女婚姻自主、一夫一妻、男女权利平等、保护妇女和子女合法权益的新民主主义婚姻制度。[1]

在当时的条件下,《婚姻法》对平等原则的考量主要是赋予女性权利和地位,将女性作为独立的人看待,保障女性人权。而且,十分可贵的是,立法时还充分考虑到社会现状,作出了一些倾斜女性、保护女性特殊权益的规定。这一思想也在后续《婚姻法》的修改中得到贯彻。经过一段时间的大力推行,《婚姻法》确立的男女平等、婚姻自由的观念逐渐成为全社会的主流观念。[2]

(二)男女权利义务相一致——改革开放初期对婚姻关系的整合与规范

1980年正是改革开放初期,社会的发展变化迫切需要对原有制度进行改革。1980年《婚姻法》正是在1950年《婚姻法》的基础之上,根据当时社会发展的新情况、新问题进行的修改。一方面,增加了计划生育、禁止虐待和遗弃等内容;另一方面,对夫妻权利义务的平等作出了新的尝试,主要体现在两点:一是首次确立了裁判离婚的标准——"如感情确已破裂,调解无效,应准予离婚";二是首次界定了夫妻约定财产制。

关于离婚标准,其实在1950年《婚姻法》中就有明确规

---

[1] 赵忠江:"婚姻家庭法与人格权的保护和实现",载《北方论丛》2003年第3期。

[2] 马云驰:"《婚姻法》的变迁与社会价值观念的演变",载《当代法学》2003年第8期。

定,包括"男女双方自愿离婚的,准予离婚""男女一方坚决要求离婚的,经区人民政府和司法机关调解无效时,亦准予离婚"。在1950年《婚姻法》颁行后的数年间,我国离婚率急剧上升。司法机关出于对社会稳定的考虑,审理婚姻纠纷时调解为先,从严把握离婚标准。但随着社会的发展,人们对婚姻爱情的观念发生转变,开始追求更美好的婚姻生活。

"感情确已破裂"标准刚提出之时,也面临着不少质疑,不少人认为将会方便男性出轨,有违反道德、鼓励喜新厌旧的嫌疑;还有人认为标准过于模糊,无法操作。但从后来的发展来看,这一标准既坚持了男女平等、婚姻自由的原则,也增加了法官裁量时的灵活性。

在财产制度方面,初步规定了以法定财产制为主、约定财产制为辅的模式,充分尊重夫妻意思自治,确认了夫妻债务责任平等和清偿责任分担的自由协商,以及离婚时夫妻分割共同财产的公开性和自由意志。但是,《婚姻法》只是简单提及约定财产制,对该制度如何在现实中运用、效力如何等问题均没有具体规范。此外,1980年《婚姻法》仍然延续了对女性权益特殊保护的规定,对男方在妇女孕期、分娩期的离婚自由作出了一定的限制。

(三)从形式平等到实质平等——经济转型期对新问题的回应

随着我国社会主义市场经济地位的逐步确立,各种经济形式,各种新事物、新问题不断涌现,各类社会观念、文化、制度等传入国内,婚姻家庭领域出现了前所未有的变化,《婚姻法》的修订工作被提上日程。2001年,《婚姻法》修正案通过,在21世纪对维护健康、平等、和睦的婚姻家庭关系发挥了重要作用。

　　自1950年《婚姻法》确立一夫一妻制以来，一夫一妻制始终得以延续并且成为家庭稳定和社会和谐的基石。改革开放后，这一观念在一定程度上受到了冲击。原因主要有两个方面：一是随着对外开放的扩大，不少国人盲目地对西方开放的性文化加以引进和学习，导致社会上婚外恋等行为不断增多。二是经济发展到一定阶段的现象。我国改革开放实行"先富带动后富"的政策，在财富有了一定积累，物质文明发展到一定程度而精神文明相对匮乏的时候，贫富差距体现在婚姻家庭关系中，婚外恋、重婚等现象在我国沿海地区和东南经济发达地区层出不穷，甚至迅速向内地蔓延，形成了极为恶劣的社会风气。

　　在这样的大背景下，2001年《婚姻法》修正案再次强调了一夫一妻制的基本婚姻制度，并且将原本属于道德领域的夫妻忠实义务列入法律，禁止有配偶者与他人同居，同时将禁止家庭暴力的规定细化，增加了离婚过错损害赔偿的制度。《婚姻法》的这些调整，有力震慑了婚姻中不忠实的一方，以及明知他人已婚仍要介入他人婚姻的"第三者"。离婚过错损害赔偿的规定，通过惩罚过错方，对于维护无过错方权益、坚持婚姻道德标准，发挥着重要作用。

　　家庭的稳定和睦，离不开妇女对家务劳动的承担，尤其是生育子女后，繁重的家务劳动很大程度上成为女性就业的一大阻碍。但在我国传统观念中对于家务劳动和家庭妇女的地位，并没有给予充分地尊重和认可，造成了事实上的不平等。在这次修改中，立法者吸取世界各国经验，立足于我国"男主外，女主内"的现实国情，把妇女家务劳动创造的价值用法律予以肯定，这无疑是一大进步。

时至21世纪，我国进入经济发展的快车道，夫妻财产关系越来越复杂，财产内容越来越多。相应地，在婚姻纠纷中财产关系内容比例越来越高。由于《婚姻法》对夫妻财产等相关规定过于概括，在实践中缺乏可操作性，对于法律实施中出现的问题，最高人民法院通过出台司法解释，制定司法政策、颁布指导性案例等形式予以修补。这些司法解释主要是围绕夫妻财产问题、生育问题，包括离婚后的探视权、彩礼、房屋、合伙及企业中的夫妻共同财产分割等问题展开。这些解释对于保护当事人权益，解决夫妻间财产纠纷，维护交易秩序发挥了积极作用，但是也在实践中引起了极大争议。

《最高人民法院关于适用〈中华人民共和国婚姻法〉若干问题的解释（三）》（以下简称《婚姻法司法解释（三）》，已失效）为解决婚姻纠纷中房产分割的问题，提供了形式化裁判规则，却被认为是歧视弱者，有加剧"AA制"契约婚姻的倾向。[1]虽然形式化裁判规则减少了分割财产的难度，降低了离婚诉讼的成本，提升了司法审判效率，但客观上对婚姻家庭的基础，即家庭财产制造成了冲击。事实上，在《婚姻法司法解释（三）》出台后，各地出现了一股妻子要求丈夫到房产部门在房产证上加上妻子名字的"加名"风。中国社会科学院发布的《法治蓝皮书：中国法治社会发展报告No.10（2012）》也指出，《婚姻法司法解释（三）》对婚姻关系稳定造成冲击，会以法律规范的方式改变人们的行为预期，改变中国的婚姻家庭

---

[1] 李林主编：《法治蓝皮书：中国法治发展报告No.10（2012）》，社会科学文献出版社2012年版，第155页。

制度。[1]

2021年1月1日,《民法典》正式施行。对于原《婚姻法》及其司法解释,《民法典》在保持社会稳定的基础上,吸收了既有原则和经验,审慎回应了婚姻法律的热点问题。比如,对夫妻共同债务制度确立了原则与范围;设立了"离婚冷静期";肯定了家务劳动的价值,增设了离婚补偿制度;等等。这无疑促使我国的婚姻家庭立法迈上了一个台阶,进入新的发展阶段。

二、《民法典》在男女平等原则上的体系构建

《民法典》贯彻了宪法中男女平等的原则精神,将男女平等作为我国民法的重要价值理念贯穿整部法律。在总则编、人格权编、婚姻家庭编、继承编中都明确提出男女平等,并通过具体条文将男女平等从抽象的原则转变为行之有效的具体规范,实现对男女平等原则的价值引领与投射。

(一)男女平等原则在《民法典》总则的体现

在总则部分,《民法典》强调"民事主体在民事活动中法律地位一律平等","自然人的民事权利能力一律平等",其中的"民事主体""自然人"没有性别差异,当然包括妇女,从总的原则方面,确认妇女拥有民事主体资格,具备与男子平等的民事权利能力,在民事活动中的民事法律地位与男子平等,法律倡导并保障男女平等。

(二)实现男女平等的人格权保护

在人身权保护方面,《民法典》明确反对性骚扰。由于妇

---

[1] 李林主编:《法治蓝皮书:中国法治发展报告No.10(2012)》,社会科学文献出版社2012年版,第155页。

女特殊的生理和心理因素使然，其是性骚扰的主要受害对象。《民法典》第1010条将性骚扰行为明确为侵犯他人人格权的行为，应当承担民事责任。进一步规定了性骚扰的认定标准，性骚扰以"违背他人意愿"为行为特征，以语言、文字、图像、肢体行为等方式为表现形式，法律中用"等"字为实践中可能出现的新形式预留了一定空间。值得关注的是，《民法典》同时规定了用人单位应当采取合理措施预防和制止职场性骚扰。这对于反性骚扰，保障职场女性的合法权益起到了很好的推进作用。

隐私权是公民的一项重要人格权，女性的隐私权相对于男性更加脆弱，现代各种新科技的发展给隐私权保护带来了挑战。《民法典》加强了对隐私权的保护力度。通过第1032条明确界定自然人隐私权的范围是不愿为他人打扰的"私人生活安宁"和不愿为他人知晓的"私密空间、私密活动与私人信息"。在第1033条列举了侵犯隐私权行为表现方式，包括未经许可"以电话、短信、电子邮件、即时通信工具"等侵扰他人的私生活；采取"拍摄、窥视、窃听"等方式公开他人私密活动；"进入、拍摄、窥视"侵犯他人私密空间；"拍摄、窥视他人身体私密部位"；擅自"处理他人私密信息"等。这些具体规定能够保护妇女隐私权，引导社会尊重女性的人格尊严和人身权益。

（三）建立男女平等的婚姻家庭制度

男女平等一直是我国婚姻家庭立法的重要基本原则，其在《民法典》婚姻家庭编得到了更为全面的阐释。《婚姻法》确立的婚姻自由、一夫一妻、男女平等的婚姻制度，在《民法典》婚姻家庭编得以延续，并就夫妻在婚姻家庭中地位平等作出了概括性规定,夫妻在家庭中享有各项平等权利,承担平等的家庭义务。具体表现为:夫妻享有平等的人身权利,在婚后有使用各自姓名的权利;拥有继续学习、工作和参加社会活动的自由;平等享有抚养教育未成年子女,保护其不受各种伤害的权利和义务;有权决定子女随父姓还是随母姓;打破原来的"男娶女嫁"旧习,结婚后男女均可成为对方家庭成员;夫妻间有相互扶养的义务,禁止虐待、遗弃家庭成员;夫妻有相互继承遗产的权利等。这些规定对于彻底转变传统男尊女卑的文化陋习,提高妇女家庭地位,保护妇女平等权益,建立和谐家庭,树立优良家风具有重要意义。

1. 男女享有平等的婚姻自主权

早在1950年《婚姻法》中便已确立了婚姻自主的原则,并将之作为破除封建婚姻制度的有力武器,极大地提高了妇女的地位。婚姻自主权亦成为与自然人的生命权、健康权同样重要的一项基本人格权,受到国家法律强有力的保护。与《婚姻法》相比,《民法典》婚姻家庭编扩大了享有婚姻自主权的权利主体范围,强化了对婚姻自主权的保护。在1048条禁止结婚条款和1051条无效婚姻条款中取消了《婚姻法》关于患有重大疾病者禁止结婚以及婚姻无效的规定,只保留血亲范围的结婚禁止。具体而言,重大疾病将不再是结婚的障碍,是否结婚由当事人自行决定,更大程度上保障了婚姻双方的自主权。同时为保障另一方的知情权,确保其结婚意思表示真实,要求重大疾病患者在结婚登记前应当如实告知。对于一方隐瞒重大疾病,侵害对方知情权而结婚的,则该婚姻为可撤销婚姻,无过错一方享有婚姻撤销权和赔偿请求权。

2. 共同财产与家事代理权

受传统文化的影响,中华人民共和国成立以来,我国婚姻立法一直以夫妻共同财产制度为主,以特有财产制度为必要补充。共同财产制度意味着在婚姻关系存续期间,任何一方所得的财产原则上均归夫妻双方共有,由双方平等分享。共同财产制有助于人们正确认识婚姻关系,夫妻作为一个生活共同体,无论家庭分工如何、贡献大小都同等享有家庭财产权益。《民法典》扩大了夫妻共同财产的列举范围,增加了"劳务报酬"和"投资收益"两类财产收益,这一规定强调法定夫妻共同财产不仅包括双方劳动所得,也包括资产投资收益。采取列举的方式显然无法涵盖社会上不断出现的新的财产类型,第1062条用"其他应当归共同所有的财产"进行了兜底性概括。共同财产制的设计充分考虑了我国大多数家庭中女性收入仍然普遍低于男性的现实,有助于促进男女平等,保护家庭稳定,也较符合婚姻伦理。

《民法典》婚姻家庭编第1060条增设了"日常家事代理"制度。"所谓日常家事代理,是夫妻双方基于配偶身份产生的对于日常家庭事务的相互代理权,即夫妻一方因日常家庭事务所为的行为,视为夫妻共同的意思表示,夫妻双方对该行为承担共同连带责任。"[1]

家事代理权在学理上有着深厚的基础,但我国《民法典》颁布前并没有明确的法律规定。长期以来司法实践将家事行为都视为表见代理行为。2001年,《最高人民法院关于适用〈中华

---

[1] 薛宁兰:"新中国婚姻立法的男女平等价值观衡量",载《山东女子学院学报》2018年第1期。

人民共和国婚姻法〉若干问题的解释（一）》（以下简称《婚姻法司法解释（一）》，已失效）出台，其中第17条规定夫妻皆有权因日常生活需要处理夫妻共同财产，超出日常需要对共同财产所做的重要处理决定需要双方协商一致。这一规定可以视为家事代理权的初步规定。但该规定对于日常家事与重大家事的划分比较模糊，对家事代理权的行使也没有加以限制，在实践中有很大漏洞。《民法典》第1060条第1款规定："夫妻一方因家庭日常生活需要而实施的民事法律行为，对夫妻双方发生效力，但是夫妻一方与相对人另有约定的除外。"这一规定完善了家事代理制度，明确了家事代理范围是"因家庭日常生活需要而实施"。日常家事，一般指家庭日常生活所需而发生的必要事项，如衣、食、行、子女教育、医疗保健、生活娱乐等生活行为，难以详细列举。但对于处分不动产、签订标的额较大的合同等，显然不属于日常家事范围，对于这类行为第三人应当尽到合理的注意义务，而这些法律行为也正是司法实践中很多夫妻债务纠纷的起因。该规定对于夫妻共同债务制度的认定划定了合理的范围。

日常家庭生活琐碎而频繁，《民法典》明确规定了夫妻日常家事代理权，既提高了处理家庭事务的效率，又维护了交易安全，实现了对善意第三人的权益保障。

3. 夫妻债务制度

夫妻共同债务的承担一直是离婚纠纷的焦点问题之一，而且随着家庭财产种类越来越多，标的额越来越大，其中还掺杂着婚姻关系中人身和财产关系、对内和对外的规则，因其司法实践中遇到的难点多，更是受到全社会的关注。2001年《婚姻法》修正后,在第41条对于夫妻债务仅简单规定"离婚时,原为夫妻共同生活所负的债务,应当共同偿还",对于共同债务如何界定没有明确规定,导致司法实践中出现夫妻双方利用离婚逃避债务的问题。针对这一现象,最高人民法院在2003年出台《最高人民法院关于适用〈中华人民共和国婚姻法〉若干问题的解释(二)》(以下简称《婚姻法司法解释(二)》,已失效),其中第24条引发很大争议。为保障债权人利益,维护市场交易安全,最高人民法院在对债权人利益和夫妻另一方利益进行权衡后,规定婚姻关系存续期间夫妻一方以个人名义所负债务为夫妻共同债务。共同债务意味着夫妻"共债共偿",债权人有权向夫妻任意一方或双方主张全部债权,夫妻需对债务负担连带清偿责任,共同财产不足清偿的部分需要以个人财产清偿。随后的司法实践表明,这条规定对于那些夫妻利用离婚恶意逃避债务损害债权人利益的现象起到有效的遏制作用,维护了市场交易安全。[1]但同时也出现了夫妻一方与债权人恶意串通,伪造虚假债务,甚至是将赌博、嫖娼等非法债务变成夫妻共同债务,在配偶不知情的情况下进行夫妻财产分割,转移个人财产使一方配偶在不知情的情况下"被负债"的极端案例。

"第24条"的受害者主要是妇女。常见的情形是,她们好不容易摆脱了一段失败的婚姻,以为终于可以开始新的生活,却突然被一张借条或一纸强制执行还款的裁定再次推入困境。由于未考虑两性在家庭分工、经济收入、对家庭财务的参与程

---

[1]王珺:《〈最高人民法院关于审理涉及夫妻债务纠纷案件适用法律有关问题的解释〉规定之'夫妻共同债务'解析》,载《成都理工大学学报(社会科学版)》2019年第4期。

度等方面的差异,"第24条"客观上对许多女性不公,使她们无辜负债,导致大量申诉、上访、抗诉现象,[1]对当事人正常生活、司法公信力和法律权威性都造成了伤害,从而备受争议。

4.离婚救济制度

2018年,最高人民法院在充分调研的基础上,出台了《最高人民法院关于审理涉及夫妻债务纠纷案件适用法律有关问题的解释》(以下简称《夫妻债务解释》)对这一显失公平的规定进行了纠偏。《夫妻债务解释》划定了夫妻共同债务的范围,严格区分了夫妻共同债务和个人债务,避免一方无辜负债。

《民法典》婚姻家庭编吸收了最高人民法院《夫妻债务解释》的内容,在第1064条第1款确立夫妻共同债务的认定标准,规定:"夫妻双方共同签名或者夫妻一方事后追认等共同意思表示所负的债务,以及夫妻一方在婚姻关系存续期间以个人名义为家庭日常生活需要所负的债务,属于夫妻共同债务。"该款规定确立了夫妻共同之债的成立以"共债共签"为原则,以未签为例外。具体包括三种情形:一是因夫妻双方共同意思表示所负之债,它以夫妻双方共同签名或者一方事后追认为条件;二是为家庭日常生活需要所负债务,对于超出日常家事范围的债务,原则上属于个人债务,由个人负担;三是但书中规定的情形,虽然是夫妻以个人名义且超出家庭日常所需所负债务,但是"债权人能够证明该债务用于夫妻共同生活、共同生产经营或者夫妻双方有共同意思表示",也认定为共同债务。

《民法典》对于夫妻共同债务的界定,加强了对于非举债

---

[1] 阮占江:"代表建议修法保护夫妻共同债务中的妇女权益",载《法制日报》2016年3月8日。

配偶方的保护，强调夫妻对共同财产享有平等的知情权和处分权，有效地避免了女方在不知情的情况下"被负债"的现象发生。[1]通过但书规定，为债权人提供了一种救济途径，同时强化了债权人的证明义务负担，提醒债权人在立约时需对债务人偿还能力、债务用途等尽到合理注意义务。法律如此安排既兼顾债权人利益，同时也对家庭中弱势群体予以倾斜性保护，体现了《民法典》的人文关怀。

离婚救济制度，包括家务劳动补偿、离婚经济困难帮助和离婚损害赔偿等内容，是法律为离婚过程中权益受到不利损害或者遇到困难一方提供的法律救助手段。《婚姻法》构建了离婚救济制度的整体框架，《民法典》婚姻家庭编在此基础上，进行了进一步完善，以便更好地保障婚姻中弱势一方的利益。

首先，在家务劳动补偿制度中不再要求以"夫妻书面约定财产分别所有"为前提，只要夫妻一方因抚养教育子女、照料一方或双方老人、辅助另一方工作等在家务劳动中负担较多义务，离婚时便有权提出家务劳动补偿。这一规定体现了社会对女性在人口再生产和家务劳动方面的贡献与价值的尊重和认可，有利于转变家庭中传统的性别分工模式，倡导男女共担家务，促进夫妻关系的实质平等。

其次，《民法典》第1090条对《婚姻法》第42条离婚经济困难帮助制度的内容进行了两处调整：①增加一方"有负担能力"作为困难帮助的前提条件；②规定"给予适当帮助"，不再列举"应从其住房等个人财产中给予适当帮助"这种具体帮助

---

[1]薛宁兰："《民法典》婚姻家庭编的权利保护新规则"，载《中国社会科学报》2020年11月18日。

措施，将使经济帮助的财产形式更宽泛，但这一调整并非否定以提供居住权的方式帮助生活困难一方的情形。

最后，关于离婚损害赔偿请求权，《民法典》在《婚姻法》第46条列举的重婚、有配偶者与他人同居、家庭暴力、虐待遗弃等法定情形基础上，增设了"有其他重大过错"作为概括性兜底条款，扩大了无过错方离婚损害赔偿请求权的适用范围。

《民法典》中离婚救济制度的上述变动，有助于改变离婚救济制度在司法实践中的低适用、低救济、低功效的现状，推动了其制度功能的充分发挥。

（四）对女性群体的特殊保护

改革开放后一段时间，农村劳动力在沿海经济发达地区务工，农村留守妇女成为农耕作业的主要劳动力。但是，在一些地区，留守妇女并不能享有土地承包经营权，也无法在村集体中分配宅基地、用土地入股分红等。而且，农村地区离婚女、丧偶女、未嫁女、农嫁非等女性在再次分配耕地时权益遭到剥夺。种种权利限制，使得部分农村妇女被迫选择长期依附男性，逐渐丧失了男女平等的经济基础，失去了家庭地位与话语权。

《民法典》规定，离婚时"对夫或者妻在家庭土地承包经营中享有的权益等，应当依法予以保护"。该法条聚焦于夫妻离婚时的利益分配，确定了家庭土地承包权虽不是共同财产，但属于共同权益，在离婚分割财产权益时也要依法予以保护。这条规定可以更好地照顾从夫居女方的利益，并一定程度上有利于解决此类案件受理难的问题。

同时《民法典》又有针对性地加强了对妇女民事权利的特殊保护。我国现实生活中，男性拥有房屋产权的比例高于女性,而女性平均寿命高于男性。部分妇女在配偶去世后,由于所居住房屋归男方个人所有,往往面临无处安身的窘境。《民法典》物权编第14章专门规定了居住权,解决了弱势女性的基本生活难题,为她们在丧偶后老有所居提供了法律保障。此外,《民法典》对处于特殊时期的女性给予特殊照顾,规定女方在孕期、分娩后1年内或者终止妊娠后6个月内男方不得提出离婚,并明确了法院在分割共同财产时应当体现照顾子女、女方和无过错方的原则。上述这些规定体现了《民法典》对女性群体的特殊保护以及追求实质公平的价值取向。

三、《民法典》婚姻家庭编对促进男女平等的展望

（一）对女权运动与传统婚恋观的影响

女权主义是近代思想启蒙和妇女解放运动的产物,对于推进男女平等起到了重要作用。但是长期形成的男女社会分工及经济发展方式,并不是短暂的运动就可以改变的。用历史的眼光看,我们可以发现在男女地位转变的进程中,经济是重要的因素,经济主导者往往也是社会规则的制定者。对女性地位最为深远的影响在于男性天然占据了经济主导地位并掌握了话语权,进而导致道德标准固化。女性要实现地位转变必须先在经济上觉醒,增大经济主导权的影响力。

而抛开经济、文化等因素,单纯通过法律或舆论来改变社会地位,无疑是不现实的。部分女性在接受女权主义观念的同时,没有结合国情和自身情况辩证地看待,产生了"伪女权"、激进女性主义者等思想,片面追求地位、财富,甚至错误地以为家庭和婚姻都是造成女性被压迫的原因。一味地主张权利,

并没有让激进女性主义者取得进展，反而在网络上引起了更大的争论。

现代婚姻立法旨在引导与实现男女两性间的平等与自由，以解决性别压迫问题，而不是为某一性别谋利。女性在追求与男性同样权利的同时，也在履行自己的义务和责任。男女平等，本身就包含了男女基于社会分工而构成的互补状态。过分强调某一性别的利益，或者追求形式上"AA制"婚姻，都是不可取的。在实现男女平权的道路上，我们依然任重而道远。

现代婚姻立法的发展给传统婚恋观带来颠覆性变化。随着女性权利意识的增强，传统的"夫妻一体主义"[1]观念被抛弃，女性更加注重在婚姻家庭中拥有独立的人格权和财产权利，在婚姻家庭中的地位已经得到显著提高。但家庭男女分工导致的传统格局，即"男主外，女主内"，女性一方承担更多家务劳动的状况并没有太大改变。一般情况下女性更多地要承担生育、照顾家庭的职责，而这对维系家庭正常生活乃至社会生活的有序进行至关重要，故而必须对家务劳动价值予以必要关注。[2]

《民法典》第1088条修改了《婚姻法》关于"离婚经济补偿"仅限于夫妻分别财产制的认定限制，将夫妻法定共同财产制同样纳入离婚经济补偿的范围。未来主张家务劳动补偿势必成为离婚案件中的一个重要诉求。在之前的司法实践中，已有判例判定夫妻一方从事的家务劳动是经营行为的重要组成部分。这些劳动及付出虽难以货币形式计算，但对夫妻共同生活期间的财产

---

[1]邹瑜、顾明总主编：《法学大辞典》，中国政法大学出版社1991年版，第168页。

[2]刘晓辉："男女平等价值观的理论内涵解析"，载《山东女子学院学报》2017年第5期。

是有巨大贡献的。对于实务中大家普遍比较关心的具体如何补偿以及补偿的数额等问题,有赖于司法解释进一步明确。

(二)夫妻共同财产制度与特有财产制度

随着经济社会的发展和家庭财富的增加,夫妻共同财产的种类和价值日益增多,共同财产的分割必然成为社会关注的焦点问题。在立法方面,《民法典》应适当关注夫妻无形财产的归属与界定。无形财产形式表现多样,分割复杂,也是婚姻纠纷中的一大难题。从某种意义上讲,家务劳动就是无形财产的一种。现实中,无形财产多是指知识产权。此外,网络虚拟财产也是无形财产的一种,游戏账号、游戏装备、网店及域名、短视频账号、公众号、名人微博等,都属于虚拟财产。因虚拟财产具有稀缺性、可交易性的特征,正以其日渐增长的财富价值引发人们的关注。如何对虚拟财产进行合理评估、合理分割,目前《民法典》并没有作出明确的规定。无形财产具有较强的人身属性,其转化、估值、补偿等均离不开夫妻双方或一方使用的技能、情境。部分无形财产不适合分割,应当结合无形财产的使用价值及预期收益,向对方提供一定的经济补偿。

对于知识产权的期待利益分配,如果双方婚姻关系在配偶所获知识产权还没有转化成经济效益及生产力时发生破裂,在婚姻关系结束后,应该允许另一方获得相应的期待权益。这不仅使得婚姻里为家务贡献较多一方及弱势方的权益得到维护,还能更为公平、科学地分割夫妻财产。

夫妻特有财产是相对于夫妻共同财产而言的,指基于法律的规定或者夫妻约定,允许夫妻在婚后保留部分财产归各自所有、各自管理和使用。《民法典》第1063条规定了法定特有财产的范围，第1065条规定了约定特有财产制度。相对而言，夫妻特有财产制度重在保障个人权利，承认个人价值，尊重个人意愿。随着经济的发展，家庭财产构成日益多样化、复杂化，家庭财产的价值急剧增加，由此引发的离婚财产纠纷也日益增多。实行夫妻之间的约定财产制可以更加尊重夫妻双方处理财产问题的自主权利，体现当事人的意思自治。《民法典》中约定财产制度规定：约定财产归各自所有、共同所有或部分共同所有三种方式，同时限定财产约定必须采用书面形式。但总体而言，《民法典》对于约定财产制的规定比较简略，依然有很多实践中的问题难以解决。约定财产制度作为一种婚姻契约具有特殊的伦理性，必须对其内容加以限制，否则将导致新的不公平现象。比如，财产约定不能违背善良风俗和社会道德；不能规避因婚姻而产生的权利义务；夫妻一方不得利用自己的优势，胁迫、诱骗对方签订损害对方利益的约定，等等。在具体实践过程中，受到心理、生理等客观条件的限制，女性在约定财产过程中的弱势地位依然存在。近年来，买卖、隐匿、非法转让夫妻共同财产的现象屡见不鲜。因此，约定财产制应当适应社会发展的需要，积极地站在一个赋权的立场上，补充并完善相关规定，保护夫妻各方合法的财产权益，满足日益增长的社会需求。

另外，《民法典》将一方使用的专用生活用品划分为配偶个人财产，虽然形式上公平，但并不合理。在现实生活中，人们的可支配资产越来越多，对特殊生活必需品的具体种类进行详细的列举也很难用法律来实现。在家庭中，丈夫和妻子有不同程度的消费需求。如果一方用夫妻共同财产购买昂贵的奢侈品和特殊的生活用品，共同财产的消费会更多。假设一方将特殊日用品归为自己的财产，显然是不科学和不公平的。因此，根据支出的多少，对生活必需品应采取不同的规定。支出金额不大的，可以归为夫妻一方的财产；生活必需品价值较高的，应视为夫妻共同财产。

婚姻家庭是一个复杂的系统，需要法律、道德、习惯、宗教等各种力量共同维系。[1]男女平等，是社会主义核心价值观的题中之义，也是现代文明社会、法治社会的必然要求。

《民法典》的出台是多年来司法实践与民意呼吁的共同成果，为日后妇女权益的保障提供了法律基础。然而，"徒法不能以自行"，其能否真正作为有生命力、有权威性的"武器"，切实起到保护妇女合法权益、实现公平正义的作用，尚须众多法律界学者与实践者和各方社会力量的共同努力。

婚姻立法主要是调整婚姻家庭关系的法律，但家庭中不同的主体毕竟都是独立的个体，有着各自的思想、行为和态度，存在一定的个体差异。为此，婚姻立法就有必要对这些婚姻家庭中的弱者予以特殊保护，体现法律公平和对社会正义的维护。

结　语

婚姻立法的变化是中华人民共和国成立后社会变迁的缩影，法律制定和修改既是对现实生活的回应，也是现实生活的需要使然。制定和修改婚姻立法的历程，充分折射出改革开放

---

[1]李明舜、党日红:"科学建构体现男女实质平等的新时代婚姻家庭制度——兼论民法典编纂中的女性权益保护"，载《妇女研究论丛》2018年第3期。

前后中国社会的巨大历史变迁,也反映出法律在调整人们私生活领域的巨大作用,以及百姓生活对法律变迁的影响。

《民法典》婚姻家庭编在立法之时保留了相当的谨慎和克制,为未来的立法留出了余地,又有较强的实用性。《民法典》留下的空白,还需要司法解释予以细化,更贴近现实,增强可操作性。未来在婚姻中男女平等又将会出现什么样的新情况,还有待于在实践中进一步探索。

离婚女性权益保障的现状与对策

随着经济社会的发展和思想观念的变迁,影响婚姻家庭稳定的因素日益增多,致使我国离婚率逐年上升,因之离婚女性的权益保障问题亦日渐引起社会关注。针对离婚时女性的相对弱势地位,我国现有立法对于离婚女性的权益保障给予了一定的倾斜性保护,建立了保障体系和救济途径,在实践中也已取得一定成效。但由于某些法律保障文本内容过于抽象或措施实践性不足,使得离婚女性权益保障依然存在诸多立法困境和实践难题,需要进一步完善解决。

一、我国离婚纠纷的现状

(一)离婚率持续增长

随着经济社会的快速发展和婚恋观念的转变,离婚率大幅上升。离结比和离婚率是社会离婚统计中常用的两种统计方法。离结比,又称结婚离婚比,是将一定时期内(一般以1年为参考期限)的离婚数量与结婚登记数量进行比较,通常以百分比表示。离结比一般只考虑离婚和结婚人数的比较,而不考虑总人口数。[1]离婚率是指在1年期内每千人离婚的对数,通常

---

[1] 罗肇鸿、王怀宁主编:《资本主义大辞典》,人民出版社1995年版,第1029页。

用千分比来表示。根据民政部发布的《2018年民政事业发展统计公报》，2018年我国婚姻登记次数为1010.8万次，离婚登记数为380.1万次，离结比为38%。其中，东北地区的离婚情况尤为突出。2018年，辽宁省、吉林省和黑龙江省的离结比分别为54%、62%和63%。可以肯定的是，离结比并不能反映社会婚姻状况的全貌，但也能以侧面反映出离婚数量增长的趋势。另一方面，与民政部此前公布的数据相比，中国离婚率已连续15年上升，从2003年的0.105‰上升到2017年的3.2‰。[1]此外，2017年全国离婚纠纷年度一审审结案件数量达140多万件。[2]这无疑反映出中国高离婚率的现实。

如今，高离婚率已成为公认的社会现象。特别要指出的是，不仅经济发达地区离婚率高，相对偏远的农村地区近年来离婚率也有明显上升。随着国家经济发展，特别是加入世界贸易组织后，传统经济转型速度加快，一些大中城市对劳动力需求旺盛。此外，我国户籍制度改革放宽了对人口流动的限制，社会保险全国联网逐步实施，缓解了劳动力流动的后顾之忧。为了脱贫，大批农民和小城镇的劳动者离开家乡，参与大中城市的经济发展。在这种背景下，大量农村妇女一方面受到"男主外，女主内"的思想束缚，另一方面又受到自身知识水平、劳动技能等因素的限制，放弃外出打工，在家乡务农，照顾老人和孩子，与配偶长期分居。这直接导致农村夫妻离婚率逐年上升。

---

[1] "年轻人晚婚了 离婚率连续15年上涨"，载《人民日报》2018年8月24日。
[2] 司法大数据研究院："司法大数据专题报告之离婚纠纷"，载http://www.court.gov.cn/fabu—xiangqing_87622.html，2021年8月7日访问。

（二）女性主动离婚案件增多

根据2018年最高人民法院发布的《司法大数据专题报告之离婚纠纷》（以下简称《司法大数据》）显示：2017年，全国人民法院一审受理并审结的离婚纠纷案件中，女性原告占73.40%。[1]这种现象一方面反映了女性对婚姻质量有了更高的追求，不再受传统婚姻观念的束缚。另一方面也说明我国法律对妇女权益的保护作用显著，使妇女通过诉讼终止婚姻，维护自身利益更加便捷。根据我国婚姻法律制度，离婚的有效途径只有两种：一是当事人双方协商达成一致到婚姻登记机关办理离婚登记；二是夫妻双方无法就是否离婚、财产分配以及子女抚养问题达成一致，而选择通过诉讼结束婚姻。《司法大数据》显示：在全国离婚纠纷案件中，夫妻中只有一方想离婚，另一方不同意离婚的案件占比达91.09%。结合离婚案件中女性原告居多的数据可以看出，越来越多的女性选择通过诉讼来摆脱不幸的婚姻。

（三）夫妻感情不和为主要离婚原因

根据离婚纠纷的司法大数据显示，在离婚原因方面，有77.51%的夫妻提起离婚诉讼的理由是感情不和。其他原因包括家庭暴力、配偶一方失踪或不回家、有不良习惯或婚外情等。

自1950年《婚姻法》颁布以来，婚姻自由原则与一夫一妻、男女平等原则一道被确定为我国婚姻法的重要原则。婚姻自由原则保障公民无论是缔结婚姻还是解除婚姻，完全出于本人的意愿，不受任何人的强制和胁迫，任何人无权干涉。以保

---

[1] 司法大数据研究院："司法大数据专题报告之离婚纠纷"，载http://www.court.gov.cn/fabu-xiangqing-87622.html，2021年8月7日访问。

护离婚自由为基础，我国婚姻法律制度中对离婚采取了无过错主义的评判标准。根据法律规定，法院判决离婚的标准是夫妻感情破裂，无法挽回；如果感情确已破裂，且无可挽回，无论夫妻一方或双方是否存在主观过错，依然会判决离婚。夫妻一方的具体过错，将作为判断感情是否破裂的客观依据。当《民法典》中列举的具体过错情形出现时，法官应当作出离婚判决。一般来说，为了简洁起见，当事人通常以夫妻不和为由提起诉讼。

二、我国对离婚女性权益的保护性规定

我国在婚姻家庭立法中始终坚持贯彻男女平等的基本国策，保障妇女在婚姻家庭中与男性平等，享有各项合法权益，大大提高了妇女的地位。随着法制建设的深入，一系列保护离婚女性合法权益的法律法规也相继出台。目前，我国已逐步形成包括宪法和《民法典》《妇女权益保障法》《反家庭暴力法》等法律法规及一系列司法解释在内的离婚女性权益保护法律体系，明确了离婚女性的合法权益，构建起权利保障体系和救济渠道。

离婚女性权益保护包括人身权益保护和财产权益保护两个方面。

（一）对离婚女性人身权益的保护

离婚女性的人身权益是指离婚女性依法享有的与人身直接相关的非财产权利，包括人身自由权、生命健康权和人格尊严权利，是女性作为公民的最基本的权利。在离婚纠纷中，女性的人身权利突出表现为遭受家庭暴力后的离婚自由权和获得人身保护权。在正常生活中，女性由于身体结构和体能上的差

异，使得她们缺乏防御能力，更容易成为家庭暴力的受害者。因此，《民法典》对于因家庭暴力、虐待、遗弃家庭成员等理由提出离婚，调解不成的，人民法院应当判决离婚。《反家庭暴力法》作为一部专门立法，确立了人身安全保护令制度，极大地保护了遭受家庭暴力侵害的妇女的合法权益。根据该制度，当遭受家庭暴力或者受到家庭暴力威胁时，当事人有权向人民法院提出人身安全保护令申请。人民法院应当采取有针对性的措施，制止施暴人的暴力行为，勒令其不得骚扰、跟踪申请人，或者联系申请人及其近亲属，可以采取责令被申请人搬离与申请人共同的住所，或者其他有效措施以保护申请人的安全。同时规定，县级以上人民政府可以依托救助管理机构，也可以单独设立临时庇护场所，为家庭暴力受害人提供临时性救助，从而在客观上保证离婚过程中妇女的人身权利不受侵犯。《反家庭暴力法》的颁布，为遭受家庭暴力的妇女提供法律保护和救济，帮助她们尽快摆脱家庭暴力的威胁和摧残，更好地维护离婚女性的人身权利。

（二）对离婚女性财产权益的保护

1. 确立夫妻共同财产公平分割原则

在我国，宪法规定妇女在社会生活各方面享有同男子平等的权利。基于夫妻财产权平等这一宪法原则，我国婚姻法律制度中对夫妻财产采取的是以法定财产制为主，以约定财产制为辅的原则。具体指夫妻如果在婚前或婚后对夫妻财产归属作出了书面约定的从其约定，如果无约定或者约定无效的，将直接依照法律的规定来确定夫妻财产关系。我国法律规定婚后所得财产原则上归夫妻共有，意味着从结婚登记之日起直至配偶一方死亡或双方离婚时止，除法律特别规定归一方所有或依照约定归一方所有的财产之外，夫妻一方或双方取得的收入和财产，均应当归夫妻双方共同所有。这种财产的共有形式为共同共有。对于夫妻而言，共同财产不区分份额大小，都平等地享有所有权和支配权，承担共同的义务，而不考虑各方对获得财产的贡献大小，实际消费或支出多少等情况。

夫妻共同财产是夫妻共同生活、共同劳动、共同创造的财产，包括：工资、奖金收入；投资、经营收益；知识产权所得；共同继承或受赠与所得的财产。此外，还包括个人财产的投资所得、住房补贴、住房公积金、养老保险基金和破产安置补偿，也属于夫妻共同财产的范围。[1]

依照男女平等原则，夫妻双方应当平等分割共同财产。但我国《民法典》并不是将离婚时的夫妻共同共有财产简单地一分为二，而是要求在自愿、合法的基础上，充分尊重当事人的意愿，平等协商。协商不成的，人民法院依据照顾子女、妻子和无过错方的原则判决，以充分保障女性、弱势群体利益。

为保证夫妻对共同财产的公平分割，对于在离婚过程中采取不正当手段隐瞒、转移、变卖，甚至故意毁损共有财产使财产价值减损甚至消失，或者伪造债务，企图独占或多占共有财产，侵害对方财产权的一方，将会受到惩罚。法院在分割共同财产时将会判决其少分或者不分共同财产。甚至即使在离婚后，一方发现前配偶有上述行为侵害其财产权的，仍然可以向

---

[1]《最高人民法院关于适用〈中华人民共和国民法典〉婚姻家庭编的解释（一）》（以下简称《婚姻家庭编解释（一）》）（2020年12月25日最高人民法院审判委员会第1825次会议通过）第25条。

人民法院提起诉讼，要求重新分割夫妻共同财产。

2. 离婚经济困难帮助制度

离婚经济困难帮助制度是离婚救济制度的重要内容之一。主要针对离婚时经济困难的一方进行救济，令有条件的另一方给予适当程度的帮助。我国在2001年《婚姻法》修正时在充分调研和借鉴他国先进立法经验的基础上，确立了这一制度。离婚经济困难帮助制度的适用具有严格的条件限制，主要针对离婚时生活困难的一方，救济的条件要求是一方生活困难。提出离婚经济困难帮助的时限，仅限于离婚时，如果在离婚之后一方生活陷入困难则不在此列。依据法律规定，"具体办法由双方协商，协商不成，由法院判决"。我国离婚女性请求经济困难帮助有两种途径：一种是婚姻当事人双方协商，若双方对于是否提供经济帮助、提供经济帮助的数额、方式等内容达成一致，则可以通过离婚协议书的书面记载进行确认；另一种是对于协商不成的则由人民法院依法判决。《民法典》与《婚姻法》相比，对离婚经济困难帮助制度有两处调整：一是强调配偶方提供经济困难帮助的前提条件是"有负担能力"；二是取消对经济困难帮助形式的列举，只规定"给予适当帮助"。适当帮助的形式可以是现金，也可以是实物，当然也不排斥提供住房的帮助形式。支付的方式可以是一次性支付，也可以是协议分期支付。

离婚时的经济困难帮助在性质上与夫妻间的扶养义务完全不同，它并非基于夫妻间的法律关系而产生，只是从原来的婚姻关系中派生出来的一种责任，是有条件的帮助，是民法公平原则的体现。建立离婚经济帮助制度的现实意义在于：一方面可以在某种程度上消除弱势一方对于离婚的经济顾虑,实现离婚自由的形式有效性和实质有效性。离婚自由原则早已深入人心,但事实上,由于经济原因,一些女性虽然与丈夫感情早已破裂,甚至遭受家庭暴力,却不愿或不敢要求离婚。[1]对于这部分女性来说,离婚自由很难成为现实。通过离婚经济帮助制度,可以消除婚姻关系中经济困难一方的后顾之忧,从实质上体现男女在婚姻中的独立人格和平等的法律地位。另一方面,建立离婚经济帮助制度是对弱势群体的扶持,有利于弥补社会保障的不足,实现社会公平。同时,增加离婚成本,有利于杜绝离婚冲动,维护婚姻稳定,促进社会和谐。

3. 离婚损害赔偿制度

离婚损害赔偿是指由于夫妻一方的过错原因导致夫妻感情破裂、婚姻家庭关系解除,过错方应对无过错方的损失承担民事赔偿责任。2001年《婚姻法》修订时,我国婚姻立法中首次确立了离婚损害赔偿制度,该法第46条规定了离婚损害赔偿请求权行使的法定情形,包括:重婚;有配偶者与他人同居;实施家庭暴力;虐待、遗弃家庭成员。这一制度明确了夫妻双方的婚姻义务和道义责任,有利于维护婚姻关系,也为婚姻中无过错方的合法权益提供了法律保障。但在现实生活中,因一方重大过错行为导致婚姻破裂的情况还有很多,却因法定情形的限制而无法得到救济。在《民法典》的制定过程中,对法律实施中的社会呼吁给予回应,充分吸收了专家的意见,采取列举主义和概括主义相结合的方式,除第1091条所规定的上述四种情形之外,增加了第五项"有其他重大过错",作为概括性的兜

---

[1] 夏吟兰:"离婚妇女权益保障比较法研究",载《法学杂志》2003年第5期。

底条款，使离婚损害赔偿的适用范围得到更大程度地扩展。对于那些由于配偶方的赌博、吸毒等恶习严重损害夫妻感情，导致离婚的，无过错方也可以依法行使离婚损害赔偿请求权。因一方过错导致离婚，对于无过错方而言，既造成财产损失，更在精神上遭受无法修复的伤害。因此，离婚损害赔偿既包括物质损害赔偿，也包括精神损害赔偿。负有损害赔偿责任的义务主体是无过错方的配偶。为充分保护无过错方的离婚损害赔偿请求权，人民法院在审理离婚案件时应当以书面形式告知当事人所享有的权利和义务。

离婚损害赔偿的发生必须符合以下条件：其一，存在重大过错行为，例如重婚，婚外与他人同居，家庭暴力、虐待、遗弃家庭成员等严重伤害夫妻感情的行为。其二，离婚损害赔偿权的权利主体是无过错方，义务主体只能是过错方配偶。如果双方均有过错的，其损害赔偿请求将不会得到支持。其三，离婚损害赔偿必须以离婚为前提。如果当事人不愿离婚或者人民法院未判决离婚，无过错方单独提出损害赔偿要求的，人民法院不予支持。其四，离婚损害赔偿请求只能与离婚诉讼同时提出，在法院判决离婚后提出，人民法院不予受理。

例外情况有三种：其一，如果是过错方提起离婚诉讼，无过错方作为被告既不同意离婚也不提出损害赔偿请求的，在法院判决离婚后，无过错方可以单独起诉要求损害赔偿；其二，离婚案件中，无过错方是被告，一审时被告没有提出损害赔偿，在二审期间提出的，人民法院应当进行调解，调解不成的无过错方可以就损害赔偿另行起诉；其三，当事人协议离婚的，无过错方向法院提出损害赔偿请求的，人民法院应当支持。[1]但在离婚协议中无过错方已经明确表示放弃此项权利的，不得再提起诉讼。

离婚损害赔偿制度是以离婚为前提，通过帮助无过错方获得经济补偿和精神慰藉，从而恢复无过错方受损利益的一种权利救济制度。同时，离婚损害赔偿制度还具有惩罚过错方的功能，使其为自己的侵权行为承担后果、付出代价，体现了维护公平正义的法律理念。

4. 家务劳动补偿请求权

家务劳动补偿制度是为了肯定家务劳动的价值，体现公平的原则，对于在婚姻中长期从事家务劳动、付出较多的妇女，有权在离婚时要求对方给予一定的物质或经济补偿。我国《民法典》对于在家庭中一方因抚育子女、照料老人或协助另一方工作付出较多的，有权在离婚时要求另一方给予补偿。家务劳动补偿制度肯定了夫妻间长期从事家务劳动一方对家庭的贡献，在制度上体现了对弱者利益的维护。

设立家务劳动补偿请求权的社会意义在于：一是肯定了家务劳动的社会经济价值。家务劳动是社会工作的重要组成部分，是家庭生存和发展的基本需要和任务。它应该与专业工作一样，获得同等的认可和评价。在我国大多数家庭中，洗衣、做饭、打扫卫生、接送孩子、辅导学习等日常家务主要由妻子承担。《第二期中国妇女社会地位抽样调查主要数据报告》的统计数据显示：女性平均每天用于家务劳动的时间长达4.01小时，比男性多2.7小时。[2]当前，"保姆式妻子、丧偶式育儿、

---

[1]《婚姻家庭编解释（一）》第87条。

[2]第二期中国妇女社会地位调查课题组："第二期中国妇女社会地位抽样调查主

守寡式婚姻"现象引起广泛关注。所谓保姆式妻子，是指在家庭中，丈夫做"甩手掌柜"，妻子承担大部分家务，成为"免费家庭保姆"。丧偶式育儿是指孩子诞生后，妻子承担了抚养和照顾孩子的大部分责任，父亲的角色长期缺席。而且，丈夫经常无视妻子的辛苦，也不理解妻子的抱怨，认为自己每天辛苦挣钱养家，而妻子在家仅仅是做做家务、照顾孩子，轻松享受。守寡式婚姻，也就是婚后，有些男性在家庭中停留时间很短暂，又或者是丈夫在家时，对妻子漠不关心，实施家庭冷暴力。在三种家庭模式中（尤其是前两种），家务劳动的价值被完全忽视。二是体现公平的原则。在中国受传统因素影响，大多数家庭是女性承担家务，甚至全职家庭主妇也不在少数。由于缺乏与其他社会劳动类似的定价模式，家务劳动重复、琐碎且繁重，劳动量难以计算，劳动价值难以评估，往往被忽视，甚至"免费"。相反，男人专注于工作，"不论婚前还是婚后始终致力于社会市场人力资本投资，从而使自己的市场生产能力最大化"[1]。两性对人力资源投入的差异导致了人力资源价值的差异。因此，为了平衡双方利益，补偿女性的家务劳动付出，应该充分考虑男性因为女性的特殊贡献而集中精力于工作所获的收益，女性有权要求对家庭中既得利益和预期利益进行平等分配，以体现法律的实质公平。

纵观世界各国的立法，大多肯定家务劳动的价值，如《法国民法典》规定的赔偿权。配偶一方承担的家务劳动超出其法

（接上页）要数据报告"，载《妇女研究论丛》2001年第5期。
[1] 官玉琴："离婚妇女身份法益保护问题研究——基于男女平等法律制度的考量"，载《中华女子学报》2012年第5期。

定义务范围却未得到相应的报酬，就其利益受损害的部分，可以向另一方要求赔偿。《瑞士民法典》规定了夫妻双方都负有分担家务劳动的义务，同时规定了家务补偿制度，"负责料理家务、照料子女或辅助配偶他方从事职业或经营事业的配偶一方，有权请求他方支付一笔合理的款项，供其自由处分"[1]。

(三) 对离婚女性探望权的保护

探望权是离婚后一方配偶探望子女的权利。依照《民法典》规定，夫妻在离婚后，不直接抚养子女的一方，有权要求探望子女，与子女共同生活的一方负有协助的义务。这项法律规定保障不享有直接监护权的离婚女性探望子女的权利。从法律角度看，探望权是一种基于亲子关系的身份权，它具有满足亲子情感、增进亲属情感联系、促进社会和谐的功能。

三、我国对女性离婚时权益保护的困境

我国现行法律对离婚妇女的合法权益作出了一系列保护性规定，并建立了相关的保障制度和救济渠道，但并没有完全改变妇女在婚姻关系终结时的弱势地位。在司法实践中，离婚女性合法权益的保护还存在诸多困难，使得一些立法意图无法实现。

(一) 对离婚女性人身权保障依然存在不足

"家庭暴力"作为一种隐蔽性强、屡禁不止的现象，仍然是许多女性离婚的主要原因之一，特别是在经济贫困、保守、文化落后的地区，家庭暴力更是常见，甚至被视为解决家庭问题的主要方式。有些女性在离婚时也会受到暴力威胁，在诉讼

---

[1]《瑞士民法典》，殷生根、王燕译，中国政法大学出版社1999年版，第45页。

过程中由于举证困难，无法得到相应的人身损害赔偿。自《反家庭暴力法》颁布以来，大多数遭受家庭暴力的妇女都得到了很强的保护，但由于立法技术和法律实施的局限，立法意图仍未完全实现。性暴力、冷暴力等隐蔽形式的家庭暴力仍然难以取证，如何降低此类家庭暴力受害人的举证难度仍然需进一步探索。

（二）女性合法财产权保障不足

在离婚案件中，妻子往往不参与丈夫的工作事务和生产经营活动，因此很难了解丈夫的实际收入和财产状况。在离婚财产分割中，由于举证难，妇女的合法财产权很难得到保障。为了逃离不幸的婚姻，许多女性在离婚谈判中甚至情愿放弃共同财产，往往处于极端不利的地位。[1]而这类女性往往缺乏工作能力和生活来源，离婚后会面临生活困难的问题。另一方面，在司法实践中，"照顾女方"原则没有得到充分运用，未能发挥应有的作用。财产分割的绝对平等从实质上造成了男女之间的不平等，使一些妇女陷入贫困，对于一部分离婚后需要抚养孩子的母亲尤为明显。

（三）离婚经济补偿难以实现公平

离婚经济补偿制度是为了保护那些对家庭贡献较大、承担较多义务的妇女，她们在离婚时可以得到一定的经济补偿，以平衡双方利益，促进实质公平。但在《婚姻法》中，该制度的实施需要以夫妻双方书面约定婚姻关系存续期间取得的财产归各自所有为前提，这使得立法不能与现实相契合。在我国，由

---

[1]樊珍云：“当今我国离婚妇女合法权益保障现状及对策”，载《怀化学院学报》2010年第10期。

于传统的影响，大多数家庭仍然实行共同财产制。夫妻实行分别财产制超前于我国夫妻财产关系的实际情况，使离婚经济补偿制度形同虚设。有鉴于此，2020年《民法典》出台后，去掉了不适宜的夫妻分别财产制的限制。即使如此，该制度目前还面临很多操作性难题，例如，对于家务劳动的价值如何衡量，缺乏统一的标准。这导致法官在实践中有较大的自由裁量权，不利于保护离婚女性的合法权益。在现实中，有大量的妇女从事全职家务劳动，由于离婚前没有劳动收入，在离婚过程中得不到足够的经济补偿，造成离婚后的生活困难，这显然是不公平的。

（四）离婚损害赔偿难以有效救助无过错方

离婚损害赔偿制度的建立是我国婚姻立法的一大进步。然而，这一制度也存在着一些问题，如条款过于简单、抽象，在实践中难以把握。

首先，离婚损害赔偿的过错行为认定难。虽然，《民法典》第1091条在《婚姻法》基础上扩展了离婚损害赔偿的适用范围，但在司法实践中，依然存在执行标准过高，难以操作的情况。以"与他人同居"为例，依照《婚姻家庭编解释（一）》的规定"与他人同居"是指有配偶者与婚外异性不以夫妻名义持续、稳定地共同居住。现实中，更常见的情形是某些短期婚外性行为，或者虽然未同居，但是有长期固定性伴侣的情况，破坏夫妻感情导致婚姻破裂。与长期开放的婚外情相比，虽然在表现方式上有一些差异，但本质上没有区别，二者都会给无过错一方带来不可估量的身心伤害，但由于不符合"与他人同居"的法定条件而得不到赔偿。此外，司法解释将

"与他人同居"解释为"有配偶者与婚外异性,不以夫妻名义,持续稳定地共同居住"。显然未能覆盖有配偶者与婚外同性同居的情况,这一情况下无过错方能否行使离婚损害赔偿请求权,并未明确。

其次,举证难一直是离婚损害赔偿实施的难题。由于婚外性关系的隐秘性,难以提供证据是无过错妇女维权的最大障碍。在现实中,有很多女性知道自己的配偶"外面有人",但仅仅依靠他们的聊天记录和几次开房的经历显然很难获得人民法院的支持。当没有正当的取证途径时,很多当事人会采取非法、侵权的方式收集证据,容易激化矛盾,造成家庭乃至社会不稳定。[1]由于上述原因,离婚损害赔偿制度在司法实践中鲜有运用。

再次,离婚损害赔偿数额低,难以实现对受害方的救济和对过错方的惩罚。离婚损害赔偿包括物质损害赔偿和精神损害赔偿两个方面。对于物质损害赔偿可以依照一般财产侵权标准,比较容易进行判断,但对于精神损害赔偿的标准则难以操作。在我国司法实践中,离婚精神损害赔偿标准适用《最高人民法院关于确定民事侵权精神损害赔偿责任若干问题的解释》中有关一般精神损害赔偿的规定,一般要参考侵权人过错程度、侵权手段、侵权行为造成的后果等具体因素。赔偿数额根据受侵权人的收入状况、侵权人的经济承受能力和提起诉讼所在地区的平均生活水平等因素决定,一般标准相对较低。应当关注的是,婚姻关系是一种特殊的亲密关系,来自配偶一方的

---

[1] 丁素芳:"构建新型有效的离婚救济制度——兼谈妇女权益保护问题",载《闽南师范大学学报(哲学社会科学版)》2018年第3期。

精神损害程度会远远高于一般侵权行为,依照一般侵权行为标准确定赔偿数额,难以实现对无过错方的有效救助,无法体现制度设立的初衷。

(五)经济困难帮助制度作用有限

经济困难帮助制度作为一种传统的离婚救济形式,自1950年《婚姻法》颁布以来便一直得以延续,其价值重心在于体现公平。尽管这一制度坚持了很久,但实际效果依然存在明显不足。一方面经济困难帮助适用条件过于严格。现行离婚经济帮助制度的适用条件是"生活困难"。原来的《婚姻法司法解释(一)》将"生活困难"解释为绝对困难,将其严格限制为离婚后一方"依靠个人财产和离婚时分得的财产无法维持当地基本生活水平"。"当地基本生活水平"在司法实践中往往被等同于"地方最低生活水平""地方最低生活保障标准",显然这是一种比较容易操作但极为保守的绝对贫困标准,保护的范围极为有限,过于僵化和苛刻,不符合物质生活水平逐步提高的实际情况,忽视了离婚后生活水平下降的实情。[1]在具体案件中,法院判决的经济援助多的高达三五万元,少则几千元。原则上,它只考虑解决短期和暂时的生活困难,起到临时性安慰作用,有时还与共同财产的分割相混淆,援助的实际作用远远没有到位。随着社会财富的积累和人们对美好生活的期待不断提高,绝对困难的判断标准、经济援助的手段和数额远远不能满足当事人的心理预期。在司法实践中,离婚经济援助请求呈现出案件比例低、实际受助人少、经济援助金额少的特点,难以

---

[1] 梁秀华:"论我国离婚救济制度的完善——以离婚妇女权益保护为视角",载《法制与经济》2020年第3期。

满足人民群众对公平正义的期待,不能充分体现扶助、扶贫、扶弱的法律救济功能,也使得离婚成本过低,法律在其中发挥的作用有限。

《民法典》在原有的立法、司法实践经验基础上对离婚经济帮助制度有所调整:离婚时,一方生活困难的,有负担能力的另一方应当给予适当帮助。但并没有对"生活困难"这一标准作出规定,在随后的婚姻家庭编司法解释中也没有涉及这一问题,导致在具体的实施过程中如何判断"生活困难",何种程度为"适当帮助",缺乏判定依据,造成法官自由裁量权过大,不利于救济作用的发挥。

四、加强离婚女性合法权益保障的对策

(一)坚持男女平等,完善婚姻立法

我国婚姻立法中明确男女平等原则,凸显了立法者提高妇女地位,保护妇女权益的初衷。男女平等是在承认男女生理差异的前提下实现的平等,它不仅强调立法层面上的男女平等,而且强调实质上的男女平等和现实生活中的男女平等。纵观我国现行法律,大多笼统地规定男女平等和保护妇女合法权益的原则,但在具体规定中,却没有区分性别差异。忽视男女的生理差异和现实社会生活中男女社会经济地位的差异,忽视男女在家庭生活中的不同贡献,例如,女性的生育成本投入、家务时间成本投入等,必然会导致妇女合法权益无法被有效保护。因此,从男女实质平等的角度出发,婚姻家庭立法应坚持男女平等的原则,在具体规定中区别对待男性和女性,体现性别差异,对弱势妇女给予特殊保护。只有这样,才能平衡现实中客观存在的男女社会、家庭分工的不同,解决妇女社会经济地位明显低于男性的现象，切实维护妇女权益，实现真正的男女平等。

（二）保障共同财产知情权，实现共同财产公平分割

《民法典》虽然列出了夫妻共同财产的范围，但在保障夫妻共同财产知情权方面存在疏漏，没有具体规定夫妻可以通过哪些合法渠道掌握家庭共同财产情况，当事人的财产权利难以保障。因此，保证妇女对共同财产享有充分的知情权，是实现公平分割夫妻共同财产的前提。要依法保护妇女对共同财产的调查取证权，对申请调查取证的主体、条件和程序作出详细规定。目前，《广州市妇女权益保障规定》已经作出尝试，规定夫妻一方可以凭借身份证、户口簿、结婚证等有效证件，向银行、工商管理部门、房产管理部门、车辆管理部门等单位申请查询对方名下注册的企业、房产、车辆信息，甚至银行账户、资金情况，有关单位应当受理并出具相应的书面材料，当事人也可以在诉讼中向人民法院申请获取相关证据。其次，应当扩大离婚诉讼中法官依职权调查取证的范围，在必要的情况下，如夫妻共同财产的转移，或者配偶与他人同居，法官可以根据自己的权限取证，以确保离婚女性的权益能够得到真正的保护。此外，在证明责任分配中，可以在一定的情况下设置举证责任倒置。在夫妻共同财产分割过程中，如果弱势方提供了足够的证据来推断基本事实，则视为举证责任完成，此时，举证责任应该转移给强势一方。

（三）放宽经济帮助适用范围，细化法律规定

（1）明确"生活困难"的标准。司法实践中将"生活困难"理解为绝对困难，仅限于"无法维持当地基本生活水平"，这种规定忽视了婚姻关系中双方实际的生活水平，未能

充分考虑婚姻中的有形、无形的利益，无视一方对另一方或家庭生活的贡献和牺牲。对此，采取"相对困难"的标准更符合实际需要，即离婚后生活是否困难，不仅要参考当地的基本生活水平，还要与当事人在婚姻存续期间和离婚后的生活状态相比较。如果生活水平明显下降，即使能维持基本生活，也可视为生活困难，应当支持她们寻求经济帮助。

（2）完善经济援助的法律细节，增加对经济困难帮助的形式、金额、期限及变更的规定。首先，应当明确经济帮助期限。从之前的司法实践来看，经济援助不应局限于短期和临时性的援助。在一方具有相对经济能力的前提下，可判令其每月向经济困难一方支付经济援助，直至弱势一方的困难状况消失、再婚或死亡。其次，增加关于经济帮助制度变更和终止的规定。当提供经济困难帮助的条件发生变化，如负担支付义务一方生活出现重大变故等原因出现给付不能时，应当对其利益进行保护，允许其提出变更或终止申请。或者当受帮助一方因健康情况发生变化请求增加经济帮助数额，或延长帮助期限的，应当支持。此外，应当明确经济困难帮助的数额及形式。比如，在婚姻存续期间，如果夫妻双方只缴纳一人的社会保险，离婚时，可以支持未参保的一方从另一方的社会保险中领取固定的生活费；如果老年人离婚时，一方有养老金，另一方没有收入，可以给无收入的一方提供定期的养老金支持；一方利用自己的资源支持另一方的生产经营活动，可以主张离婚后继续分享另一方获得的收入。

（四）量化家务劳动价值，强化经济补偿制度可操作性

分割夫妻共同财产时，对夫妻双方中在婚姻关系存续期

间承担较多家务、照顾父母子女、协助对方工作的一方有权要求对方支付离婚经济补偿,以平衡婚姻关系存续期间的当事人双方有形或无形的利益。经济补偿的数额,基于民事意思自治原则,应当由婚姻当事人双方协商确定。当协商不能达成一致时,由人民法院依法判决。离婚经济补偿制度实施的难点在于,无法对抚育子女、照顾老人、协助另一方工作等的家务劳动进行准确量化。人民法院针对经济补偿的请求,应当查明夫妻双方对家庭的贡献。在具体数额的确定上,家务劳动的价值可以通过家务劳动的货币化来实现,可以参考同时期市场购买同等工作量的家务劳动所需价格或者是雇用他人完成同等工作所需要花费的成本。如果妻子做家务,便不用为家务劳动付费给他人,这样家庭开支就可以相应减少。对家庭来说,开支减少的部分应当是家务劳动对应的报酬。此外,也可以参考由于一方承担大部分家务使得另一方因此多获得的收益,此收益既可包含实际得到的显性利益,也可包含隐性的可期待利益。

(五)完善离婚损害赔偿制度

首先,科学划分离婚赔偿案件中的举证责任。婚姻中的过错行为大多数发生在隐蔽的状态下,导致离婚时无过错方很难收集证据。而且无过错方在收集证据的过程中,还会面临种种风险,很容易受到重复伤害。因此,针对无过错方举证难的问题,法律应当对法定证据如何取得作出明确规定。以非法手段取得的证据,有侵犯人权情节的,应当宣告无效,并依法承担相应的法律责任。同时,必须给予被害人立法上的支持,比如在处理破坏婚姻的事实证据收集方面,可以申请公安机关介入调查。对于家庭暴力,遗弃、虐待家庭成员的情形应当适用举证责任倒置，无过错方只需对家庭暴力的基本事实提供证据即可，其余的否定性证据则要求过错方承担，从而减轻无过错方的举证负担，增加其受损权利得到救济的可能性。

其次，确定离婚损害赔偿的合理数额。如前所述，离婚损害赔偿基于婚姻这种特殊的亲密关系，其产生的损害有别于一般民事侵权行为。完全依照一般民事侵权所造成的损害后果确定赔偿，特别是在目前精神损害赔偿标准普遍较低的情况下，不足以对婚姻中无过错方施行特别保护，难以体现民法的公平原则。因此建议单独制定离婚损害的赔偿标准。

结　语

加强对离婚女性权益的保护，既是实现社会公平、促进两性平等的需要，也是完善婚姻家庭法律保障体系的需要。随着社会的进步和法治的发展，我国女性的地位有了很大的提高，但女性实施离婚的能力相对较弱仍是不争的事实。与男性相比，女性在社会资源和家庭财产的控制和占有方面远远低于男性。当婚姻破裂时，大多数女性会因为不愿放弃自己的孩子而选择抚养子女，这会加重自身的经济负担，导致其生活水平下降甚至陷入困境。我国立法通过确立离婚损害赔偿、经济援助、家务劳动补偿等制度，对离婚女性的权益给予了一定的优先保护。这种立法设计对于保障妇女的离婚自由，改善因离婚而导致的妇女不利地位具有重要的现实意义。但由于立法技术的局限性和法律实施中存在的问题，立法初衷难以实现。笔者在分析司法实践的基础上，借鉴国外立法经验，提出了构建适合我国国情的离婚救济制度的对策，以加强对妇女的权益保护，促进社会和谐，实现法律的公平正义。

《反家庭暴力法》视域下的女性权益维护

家庭暴力具有隐蔽性强、危害性大的特点，对家庭和睦及社会和谐具有非常大的负面影响。由于受固有观念的影响，家庭暴力被视为家务事而疏于规制，导致家庭暴力现象层出不穷，受害者难以获得外部救济。随着观念的变革和国家治理水平的提高，家庭暴力已不再简单地被视为家庭内部矛盾，而是一个需要政府干预、社会关注和法律规制的严肃问题。家庭暴力对妇女的危害不言而喻，长期以来都是妇女维权的重点和难点。《反家庭暴力法》于2016年3月1日正式实施。这是我国第一部针对反家庭暴力的专项立法，突出了国家对婚姻家庭中弱势群体的保护，为全社会抵制家庭暴力营造了良好氛围，为女性摆脱家庭暴力的困扰提供了法律依据和救济路径。时至今日，《反家庭暴力法》已实施多年，家庭暴力的比例尚未出现明显下降，遭受家庭暴力的妇女的人身安全仍存在威胁，在法律实施中仍存在一些亟待解决的问题。

一、家庭暴力概述

（一）家庭暴力的概念

20世纪70年代之后，家庭暴力作为一种具有社会普遍性的问题，日益引起国际社会的普遍关注。1993年，一份关于保护妇女权益的重要文件——《消除对妇女的暴力行为宣言》在联合国大会通过，该文件对家庭暴力做了初步界定：对妇女的暴力行为，是指在私人或公共场所，对妇女使用暴力、胁迫，抑或限制妇女人身自由等，对妇女实施侵害，给她们带来痛苦的行为。

结合国际学术界关于家庭暴力的理论和我国的发展实际，我国出台了《反家庭暴力法》，对家庭暴力作出了明确的界定：采取殴打、捆绑、限制人身自由等方式，对家庭成员实施侵害，以及谩骂、虐待和恐吓家庭成员，致使其遭受精神伤害的行为。

考虑到家庭暴力的形式难以尽述，《反家庭暴力法》并没有在法律中明确界定家庭暴力的种类，而是采用了"国家禁止任何形式的家庭暴力"这一更为宽泛的表述，通常将家庭暴力归纳为身体暴力、精神暴力、性暴力和经济暴力四种[1]。近年来婚姻家庭中的冷暴力也引起了更多人的关注——冷暴力属于消极形态的精神暴力，是针对被害人精神施加的暴力类型。

身体暴力：指行为人针对受害人身体采取的伤害或攻击性行为，如殴打、推搡、捆绑、抓头发、撕咬、掐喉咙等。

精神暴力：是指行为人向被害人施加精神压力，使被害人身心受到伤害，或者精神遭受折磨，造成被害人精神痛苦的行为。如利用语言进行恐吓、诽谤、辱骂，直接损害被害人的自尊和自我价值。

性暴力：通常是指丈夫违背妻子的意愿，利用暴力强迫其

---

[1] 吴才毓："论经济控制型家庭暴力及其损害赔偿"，载《武陵学刊》2017年第1期。

发生性关系，侵犯妻子的性自由。

冷暴力：通常指家庭成员在发生冲突后，采取冷漠、蔑视、疏远和漠不关心或言语攻击，甚至拒绝语言交流，停止或敷衍性生活，使对方在精神和心理上受到伤害。在实践中，冷暴力的伤害程度并不弱于身体暴力。

经济暴力：指夫妻一方在经济上控制另一方，故意毁坏对方的个人财物，扣押钱财，进而损害对方的人格和自尊。

（二）家庭暴力难以消除的原因

妇女是家庭暴力的主要受害者。全国妇联2016年发布的中国家庭暴力统计数据显示，在2.7亿中国家庭中，约有30%的家庭经历过家庭暴力，我国每年自杀妇女约有15.7万名，其中约60%的自杀原因是不堪忍受家庭暴力。[1]《反家庭暴力法》实施以来，截至2018年12月底，全国人民法院共受理人身安全保护令申请5860件，签发人身安全保护令3718件。[2]许多人认为，家庭暴力大多发生在知识水平较低的贫困家庭。然而，根据北京市高级人民法院统计的数据显示，2016年至2017年共受理离婚案件17463件，其中涉及家庭暴力案件1867件，占近11%。[3]近年来的案例表明，家庭暴力在高素质人群中蔓延，干部、教师、法律工作者甚至名人的家庭生活中也时有发生，由于当事人身份的特殊性，这种家庭暴力更加隐蔽。

---

[1] 周坤："关于家庭暴力中女性权益保障的研究与展望"，载《法制博览》2019年第23期。

[2] 王昱倩："《反家暴法》实施三周年：人身安全保护令的执行规定仍需细化"，载https://www.jiemian.com/article/2909799.html，2021年8月9日访问。

[3] 熊琳："北京高法：反家暴法施行两年已判决一审离婚案件涉家暴情节占比11%"，载http://www.xinhuanet.com/legal/2018-03/27/c_129960229.htm，2021年8月9日访问。

梳理家庭暴力难以消除的原因，虽然"不幸的家庭各有各的不幸"，每一次家庭暴力都有自己的诱因，但也不难发现其共同的规律。

1. 传统家庭观念的影响

在长期的农业经济和大规模的重工业经济体制下，男权的发展土壤根深蒂固。在这种传统家庭观念的影响下，妇女被视为家庭的私有财产。陕北曾经有一首民谣中提道，"打到的婆姨，揉到的面"，将"打老婆"看成与吃饭、穿衣一般正常。随着社会的进步和法治的发展，男女平等的观念越来越深入人心，妇女的社会地位也得到了提高。然而，在婚姻家庭领域，这种旧观念仍然难以根除。当一些男性觉得自己的尊严和地位受到挑战时，他们就会通过暴力来控制和占有自己的妻子。同时，在他们的观念中家庭暴力是家庭内部的"小事"，外人无权干涉。近两年来，笔者调查了几起家庭暴力案件，施暴者对前来帮忙的邻居，甚至民警直言："我打媳妇，你管什么？"

2. 社会对家庭暴力的宽容

社会意识受制于社会存在，自古以来以人力为主的传统农业经济模式及宗族香火观念，致使女性经济地位低下，并形成了家庭暴力属于"家务事"的固有观念，导致社会对家庭暴力行为形成了一定的宽容态度，甚至认为"打打闹闹一辈子"也是一种婚姻模式。而知晓家庭暴力内情的人，往往也持观望态度，认为夫妻"床头打架，床尾和"，外人不方便参与，或者竭力劝说他们和好，坚持"宁拆大庙、不毁小婚""劝和不劝分"的原则。

在处理家庭暴力案件的过程中，随着《妇女权益保障法》《反家庭暴力法》的颁布实施，公安机关已经实现了"接警即出警"的目标。但是,家庭暴力案件的处理还存在一些问题,办案机关往往只是简单地登记备案,在案卷上记录为家庭纠纷,缺乏进一步调查,或只是口头批评,而没有采取措施固定家庭暴力的相关证据,使暴力的真相无法得到深入的调查和记录,这使得受害人在今后的维权过程中缺乏关键且有力的证据。

社会宽容往往导致对家庭暴力的干预不力,这也间接助长了施暴者的戾气,甚至导致更严重的暴力后果。

3. 被害人的隐忍

家庭暴力的受害者往往有强烈的羞耻感,认为遭受家庭暴力是"家丑、不光彩的",从而不愿求助。"在中国,受害者平均遭受35次家暴后才会报警。现实中,大多数家暴受害者,都未曾发出呼救。"[1]为什么第一次暴力事件发生后受害者没有向警方报案寻求帮助?与男人相比,女人总是更善于隐忍。她们认为丈夫的暴力行为是由于其生活或工作中的压力、不如意导致的,需要发泄。暴力过后,受害者往往安慰自己不会再有下一次了,所以选择一次又一次地原谅。有时,也是出于对孩子和家庭的考虑,为了给孩子一个完整的家,往往会选择忍耐。在家庭暴力案件的处理过程中,警方往往会出于善意提醒受害人,如果对施暴者给予行政拘留或追究刑事责任,可能会对其子女今后的参军入伍、公务员考录、晋升等产生不利影响。在这样的提醒下,受害者往往会委曲求全。而令人遗憾的是,家庭暴力只有零次以及无数次。女性的忍让不仅不能保障自身的人身安全,而且在一定程度上助长了施暴者的暴力行为。随着矛盾的激化,暴力甚至会出现升级,最终导致婚姻家庭彻底破

---

[1]崔晓丽:"女性遭遇家暴,可以向谁求救",载《检察日报》2019年2月20日。

裂，酿成家庭悲剧。

二、《反家庭暴力法》的立法意义

（一）《反家庭暴力法》让女性维权有法可依

为维护婚姻家庭和谐，在2001年的修正《婚姻法》第3条中明确规定了"禁止家庭暴力"。这是"家庭暴力"一词首次出现在我国法律文本中，并对家庭暴力所引发的行政责任、刑事责任和民事责任分别作出了规定。该法第43条、第45条分别规定，实施家庭暴力或者虐待、遗弃家庭成员的，公安机关可以根据情节轻重给予处罚。情节严重，构成犯罪的，可以依法追究刑事责任。根据第46条的规定，由家庭暴力导致的离婚诉讼中，无过错的一方有权要求赔偿损失。随后，2005年修正的《妇女权益保障法》第46条重申了"禁止对妇女实施家庭暴力"，第58条规定了实施家庭暴力行为可能承担的法律责任：对妇女实施性骚扰或者家庭暴力，构成违反治安管理行为的，受害人可以请求公安机关依法给予治安处罚，也可以向人民法院提起民事诉讼。这些反家庭暴力的规定分散在不同的法律文件中，反映了社会对反家庭暴力问题的关注逐渐加强，但上述法律规定大多是倡导性规定，尚未形成完善的家庭暴力干预体系，亦缺乏可操作性，使得实际效果极为有限。

2015年，《反家庭暴力法》颁布。这是第一部干预家庭暴力的专门立法。它符合反家庭暴力的现实需要，具有里程碑意义。法律明确规定保护家庭成员的合法权益，强调反家庭暴力是国家、社会和家庭的共同责任，使家庭暴力干预机制有法可依，同时由于国家公权力的干预和介入，更具执行力和权威性，可以为家庭成员的人身权利保驾护航。有关部门在保护妇女权益过程中，可以依照该法的规定，预防和惩治家庭暴力，保护妇女权益。

(二)《反家庭暴力法》创设女性维权路径

《反家庭暴力法》在吸收国外先进立法经验的基础上，建立了多样化的反家庭暴力救济机制，包括家庭暴力的发现、查处、救济等多方面内容。

1. 建立强制性报告制度

在发现家庭暴力方面，除了受害人的投诉和求助外，受害人的代理人和近亲属可以代为举报。同时，还建立了社会干预机制，规定单位和个人有权及时制止家庭暴力。学校、幼儿园等教育机构，医疗单位，居民委员会、村民委员会等基层组织，救助机构、福利机构等社会组织及其工作人员发现无民事行为能力人、限制民事行为能力人遭受或者涉嫌遭受家庭暴力侵害的，应当及时向公安机关报告。这些规定明确了家庭暴力不仅仅是个别家庭问题，也是我们整个国家、社会甚至每个公民的共同责任。

2. 设立告诫制度

对于家庭暴力情节较轻，确实可以依法不予治安管理处罚的，由公安机关对行为人进行批评教育或者给予警告，即告诫。为维护执法权威、确保告诫效果，公安机关应当向施暴人发出书面告诫通知，同时告知居民委员会、村民委员会等基层机构进行监督，使违法者不得继续实施家庭暴力、不得以各种手段打击报复。预警系统的建立，使遭受家庭暴力的妇女能够在不离婚的情况下震慑施暴者。同时，这种震慑不会给加害人留下案底，更容易被内心犹豫的受害人所接受。

3. 设置人身安全保护令制度

《反家庭暴力法》第四章设立了人身安全保护令制度，明确规定家庭暴力行为受害者可以向人民法院申请人身安全保护令，以摆脱家庭暴力的困扰。这一制度的建立也是反家庭暴力立法的一大亮点。其一，立法保护范围相对宽泛。就人身安全保护令的申请权而言，除了遭受家庭暴力或受到家庭暴力威胁的受害人外，为了更好地保护家庭暴力受害方的权益，《反家庭暴力法》第23条第2款赋予受害人的近亲属以及公安机关、妇女联合会、居民委员会、村民委员会、救助管理机构等在特定情形下的申请权。一种是当事人不具备完全民事行为能力；另一种情形是当事人因受到强制、威胁等原因无法申请的情况。其二，增加人身保护的预防功能。该法第23条规定，"当事人因遭受家庭暴力或者面临家庭暴力的现实危险"，即可向人民法院提出人身安全保护令申请。受害人的人身安全保护令申请可以提前提出，只要面临家庭暴力威胁即可，不要求发生损害的实际后果。它可以起到事前预防的作用，受害人寻求保护的门槛被大大降低。其三，人身安全保护令申请独立于诉讼程序，受害人可以不以民事诉讼为前提，单独向法院提出保护令申请。此前，在由最高人民法院中国应用法学研究所2008年3月编制的《涉及家庭暴力婚姻案件审理指南》（以下简称《审理指南》）中首次规定了保障人身安全的裁定，该裁定旨在保护民事诉讼中当事人及其子女和特定亲属的人身安全免受家庭暴力威胁，以保障诉讼的顺利进行。该裁定本质上更像是一种民事强制措施，它依赖于民事诉讼程序，只适用在受害人提起离婚诉讼时。根据《审理指南》规定，从收到保护裁定之日起，申请人必须在规定期限内起诉离婚，否则裁定将自动失效。这大大降低了人身安全保护令的适用范围。2012年修正的《民事诉讼法》在第九章"保全和先予执行"中增加了行为保全制度，这是我国首次在法律层面规定民事保护相关内容，为民事诉讼过程中采用人身安全保护令提供了直接的法律依据。《反家庭暴力法》在吸收和借鉴民事保护制度的基础上建立的人身安全保护制度，不再依附于其他程序，可以独立存在。自此，我国建立了真正意义上的人身安全保护令制度。该制度的设计有助于为受害人提供持续一段时间的安全保护，帮助他们摆脱侵扰，防止更严重的伤害后果。根据受害者的申请，人民法院可以责令被申请人停止家庭暴力行为，禁止骚扰、跟踪、联系申请人及其近亲属，要求被申请人迁出申请人住所等。[1]人身安全保护令可以警告侵权者，提醒他们婚姻和家庭关系不是法外空间，同时，也为受害者提供一个缓冲期，让他们有足够的时间来思考是否采取进一步措施。

三、《反家庭暴力法》下女性权益保障现实困境

（一）家庭暴力范围界定过窄

1. 主体范围过窄

我国将家庭暴力的范围界定为"家庭"这一笼统范畴，未对其内涵予以进一步揭示。如该法第2条对于家庭暴力的表述为："家庭成员之间"实施的身体、精神侵害行为，但法律并没有进一步地解释何谓"家庭成员"，其判断标准是血缘关系还

---

[1]《反家庭暴力法》第29条。

是空间范围？一般来说，血缘意义上的家庭成员关系有两种：一种是配偶、父母、子女和其他直系亲属之间的关系，另一种是共同生活的其他近亲属之间的关系。该法第37条将家庭暴力主体范围扩大到共同生活的非家庭成员，这一扩展性规定显然将家庭暴力的主体分为两类，即有共同生活关系的家庭成员和非家庭成员，如同居者间的暴力行为。

实践中，在上述范围之外，发生于前夫妻、前同居者、前恋人之间的暴力行为并不鲜见，显然难以满足"共同生活"的条件。这种暴力行为能否依据《反家庭暴力法》进行规制，在理论界和司法实践中仍存在争议。研究表明，在同妻子离婚或与女友分手后，高达50%的男性会使用暴力强迫妻子或女友继续与他们在一起或对她们进行报复。[1]前恋人与离异配偶之间的暴力行为发生率甚至高于夫妻关系中的暴力行为发生率。[2]很多案例表明，前配偶、前同居者、前恋人也需要《反家庭暴力法》提供保护。"共同生活"的条件限制在一定程度上会成为受害人维权的障碍，不利于弱势群体权益的保护。因此，对于家庭暴力，应采取一般人的直观理解，将恋爱、同居、前夫妻等非家庭成员的亲密关系纳入法律调整的范畴。

2. 行为表现形式规定过窄

《反家庭暴力法》以列举的方式描述了家庭暴力的行为方式，包括殴打、捆绑、残害身体、限制人身自由以及经常性谩骂、恐吓等。上述方式大多属于积极家庭暴力，即行为人采取

---

[1] [美]谢丽斯·克拉马雷、[澳]戴尔·斯彭德：《国际妇女百科全书》（上），国际妇女百科全书课题组译，高等教育出版社2007年版，第220页。

[2] 夏吟兰："家庭暴力概念中的主体范围分析"，载《妇女研究论丛》2014年第5期。

主动作为的方式实施侵害，但对家庭成员的消极侵害行为，如漠不关心、拒绝沟通，甚至拒绝履行监护职责、遗弃等，都没有明确的规定，不作为形式的家庭暴力并不少见。值得一提的是，最高人民法院在《婚姻法司法解释（一）》中注意到了消极家庭暴力问题。第1条涉及家庭暴力的条款中，除了列举殴打、捆绑、残害、强行限制人身自由等家庭暴力方式之外，还增加了对"其他手段"的概括性规定，"其他手段"可以理解为涵盖消极家庭暴力的情况。

性暴力是指丈夫违背妻子的意愿，以暴力或者其他手段强迫妻子发生性关系的行为。是否存在"婚内强奸"，这一问题在法学理论上一直存在争议。有人认为婚内性行为是夫妻双方的义务，妇女在结婚时对今后的所有与丈夫间的性行为，有一个"概括性的同意"，因此婚内性行为被推定为自愿行为。另一种观点认为，"性"只是婚姻关系下产生的夫妻伦理义务，而非法律的强制义务，妇女的性权利在任何情况下都不可侵犯，不能因为处于婚姻状态而丧失。这项权利与妇女的人身权利密切相关。我国法律对"婚内强奸"并没有明文规定，无论是在《婚姻法》《反家庭暴力法》，还是在《民法典》中，都没有提及婚内强奸问题。在司法实践中，只要双方是合法夫妻，妻子控告丈夫强奸，公安机关一般都不会立案，法院也难以处理。从《刑法》的角度看，我国刑法中强奸罪的犯罪主体并没有将丈夫作为特殊人群排除在外，理论上，如果丈夫以暴力强迫妻子发生性关系构成犯罪的，也可以按照强奸罪追究其刑事责任。虽然理论界和实务界在这一问题上仍存在争议，但在司法实践中已有类似的判例。目前，我国法院对婚内强奸行为采取慎重态度，如果夫妻一方已经提起离婚诉讼，离婚判决尚未生效的情况下发生的婚内强奸行为也会被认定为强奸罪。而从量刑上看，对实施强奸罪的丈夫，刑罚上会较一般强奸罪更轻。司法实践的探索为婚内性暴力的处理提供了宝贵的经验。

（二）家庭暴力在诉讼中难以被认定

根据中国裁判文书网记载的自2017年3月1日至2018年2月28日，涉及家庭暴力的400件民事判决表明，法院确认存在家庭暴力的仅占22.75%。[1]这也客观反映了家庭暴力的确认难度。

一方面原因在于，家庭暴力案件的证据类型少，举证难度大。《反家庭暴力法》第20条将公安机关的接警、出警记录、告诫书、伤害鉴定意见等作为认定家庭暴力的证据材料。但是，没有规定证明标准和举证责任的分配问题。在实践中，大多数法官都会依照《民事诉讼法》的证据规则，依照"谁主张，谁举证"的原则分配举证责任。家庭暴力认定率低，原告举证困难是主要原因。举证难主要有以下几个方面原因：一是原告未能及时保存、固定证据；二是证据本身存在瑕疵；三是由于隐私等原因，导致原告举证困难。[2]突发性和隐蔽性是家庭暴力的典型特征，通常没有影像资料，没有目击者，受害人往往无法收集到直接有利的证据。仅凭几张伤情照片很难有力证明家庭暴力的存在。另一方面，由于法律规定的模糊性和不确定性，法官在判断家庭暴力时有较大的自由裁量空间。基于对家庭暴力"零容忍"的态度，《反家庭暴力法》并未明确将"危

---

[1] 蒋月："我国反家庭暴力法适用效果评析——以2016—2018年人民法院民事判决书为样本"，载《中华女子学院学报》2019年第3期。

[2] 张剑源："家庭暴力为何难以被认定？——以涉家暴离婚案件为中心的实证研究"，载《山东大学学报（哲学社会科学版）》2018年第4期。

害结果"作为家庭暴力行为的构成要件之一。单从法律文本上看,家庭暴力以危害结果划分可以包括三种情形:①尚未达到治安管理处罚标准的轻微暴力;②达到并应该接受治安管理处罚的家庭暴力;③情节严重,触犯刑法,应当追究刑事责任的家庭暴力。对于法律责任,该法第33条规定得过于概略,仅规定对违反治安管理的家庭暴力行为给予治安处罚;违反刑法的,追究刑事责任。对于这两种暴力行为,在《治安管理处罚法》和《刑法》中,都有明确的行为判断标准。而针对第一种家庭暴力行为,在离婚案件中,往往很难得到认定。

此外,家庭暴力离婚损害赔偿难、赔偿标准低的问题突出。调查显示,"在400份民事判决书中,申请离婚损害赔偿的76件案件中,法院支持的仅29件,占38.16%。从法院判决的赔偿金额来看,从1000元到2万元不等,其中5000元以上的仅占51.69%"[1]。总体而言,家庭暴力案件赔偿金额较低,既难以弥补受害者身体、精神上所受的损害,也无法起到惩罚施暴者的作用。

(三)《反家庭暴力法》部分条款执行性不强

1. 人身安全保护令的社会认知度和核准率较低

自该法颁布以来,人身安全保护令制度通过司法实践取得了显著成效,有效遏制了家庭暴力的滋生和蔓延。然而,在法律实施中,人身安全保护令也暴露出许多问题,法律条款的执行面临诸多挑战。

《反家庭暴力法》实施以来,全国每年颁发的人身安全保

---

[1] 蒋月:"我国反家庭暴力法适用效果评析——以2016—2018年人民法院民事判决书为样本",载《中华女子学院学报》2019年第3期。

护令逐年增多。其中，2016年签发了680多件，2017年签发了1470多件，2018年签发了1589件，截至2019年12月底，全国人民法院签发人身安全保护令5749份。[1]可以看出，人身安全保护令实施以来，申请总量相对较少（我国基层人民法院约有3100家，平均每个法院每3年发布一件人身安全保护令），签发率相对较低。与中国近1/4的家庭存在家庭暴力的现状极不适应。此外，签发人身安全保护令的地方法院分布极不平衡。搜索中国司法文书网站，依网站显示，辽宁省基层人民法院2016年到2018年只签发了3个人身安全保护令裁决书。与家庭暴力案件数量相比，人身安全保护令显然远未发挥应有的作用。

造成人身安全保护令应用率低的原因在于：一方面，宣传力度不够，社会对人身安全保护令制度的认知不足，不能充分、灵活地运用人身安全保护令来维护自己的合法权益；另一方面，签发率不高，也限制了该规定的有效发挥。在对人身安全保护令案件的统计中，签发率为81%，驳回率为19%，反映出相当一部分家庭暴力案件的受害者尚无法有效运用司法手段维护自身权益。[2]

人身安全保护令制度的推广应用，依然存在一些难题急需解决。具体而言，一是人身安全保护令证明标准过高，导致签发率较低。《反家庭暴力法》对证明标准没有明确规定，导致一些地区的法官对人身安全保护令采取的证明标准把握过严，从而使得人身安全保护令的实施门槛过高。二是人身安全保护令

---

[1] 王春霞、田珊檑："反家庭暴力法实施四年来成效显著——本报专访全国妇联、最高法、公安部相关部门负责人"，载《中国妇女报》2020年3月3日。

[2] 慎先进、王海琴、陈月："我国《反家庭暴力法》中人身安全保护令制度的困境与出路研究"，载《三峡大学学报（人文社会科学版）》2019年第5期。

的执行主体模糊。根据《反家庭暴力法》，人民法院是人身安全保护令的执行机关，公安机关、村民委员会、居民委员会协助执行。人身安全保护令是由法院执行部门的法官在法警的配合下执行还是由法官向当地社区或派出所发出协助通知书，由当地派出所直接监督当事人的人身保护情况，在实践中，有不同的理解和操作。同时，法律没有明确司法、行政机关的职责和具体实施方式，导致司法、行政机关的执行效果大打折扣，从而使人身安全保护制度的威慑力有所欠缺。三是人身安全保护令缺乏具体的内容和程序。在中国司法文书网站上查阅人民法院发布的人身安全保护令，大多含糊其辞地写明"禁止家庭暴力"，具体保护措施存在明显不足，其效果难免让申请人产生疑虑。另外，申请人能否在保护令中主张财产权益，如要求行为人支付必要的扶养费、医疗费、房租等。在夫妻分居期间甚至离婚后，申请人还能否申请保护令？人身安全保护令在紧急情况下是否可以由公安机关直接签发？能否扩大保护令适用的主体范围？立法中对上述问题显然存在疏漏，同时法律条文也缺乏落实处罚力度的详细规定。四是违反人身安全保护令的法律后果不明晰。除非对违反人身安全保护令的行为给予严厉处罚，否则无法保证施暴者不继续实施侵害。虽然《反家庭暴力法》第34条规定，违反人身安全保护令可能被处以罚款、拘留，甚至追究刑事责任，但仍有一些相关问题难以厘清。如罚款，如果在婚姻关系存续期间对加害人处以罚款，如何避免受害人的损失？又如拘留问题，在中国，最长的拘留期限是15天。拘留释放后，如果施暴者再违反禁令该怎么办？法院不可能进行24小时监管，无法实现对施暴者的有效震慑。另外，追究侵权者的刑事责任确实具有强大的震慑力,但违反人身安全保护令应当适用哪一项罪名,《反家庭暴力法》没有明确写出。[1]该案是自诉还是公诉案件,由哪个主体机关负责查处?法律规定的可操作性不强,且被申请人得不到有效的制裁,这就会使得申请人对人身安全保护令的法律效果产生怀疑。

2. 告诫书难以发挥作用

告诫书在实践中很少被使用。一是很多基层公安机关不熟悉这一制度,不愿发出告诫文书;二是告诫书的模式缺乏统一规范,目前,各地告诫书的样式没有统一模式,但一些基本内容应当具备,如行为人身份信息、家庭暴力事实陈述、被禁止的家庭暴力内容、违反后的法律责任等;三是执行监督缺失。公安机关给予的告诫是一种相对温和的干预措施,只是对施暴者发出警告不得再次实施家庭暴力。而家庭暴力具有反复性特征,如果侵权者违反了告诫书却无须承担法律责任,随着时间的推移,被告诫者很容易失去对它的敬畏,当其再次实施家庭暴力时,会更加肆无忌惮。

3. 反家庭暴力庇护所流于形式

反家庭暴力庇护是为家庭暴力受害者提供救助的一种重要方式,它通过为家庭暴力受害者提供人身保护和临时生活帮助的方式,帮助其暂时远离家庭暴力威胁,为家庭矛盾的解决提供缓冲余地。这一制度在《反家庭暴力法》第18条中得以明确。1995年,我国第一家妇女庇护所——"新太阳女子婚姻驿

---

[1] 慎先进、王海琴、陈月:"我国《反家暴法》中人身安全保护令制度的困境与出路研究",载《三峡大学学报(人文社会科学版)》2019年第5期。

站"在湖北省武汉市成立。[1]之后，各地纷纷设立反家庭暴力庇护中心（庇护所），截至2015年底，中国近400个城市以救助机构为依托，建立了2000多个家庭暴力庇护所。然而，从这一制度的实施情况来看，大部分庇护所运行状况不佳，由于资金、场所、注册登记等原因，各地庇护所大多难以为继。庇护所的社会知晓率低，大部分女性并不了解这一机构。根据2016年上海市的一份调查显示，只有13.7%的受访者听说过庇护所。此外，庇护所利用率过低，使得各地庇护所的设立如同鸡肋。据全国妇联统计，2015年全国反家庭暴力庇护中心仅为149人提供过庇护救助服务。南京市反家庭暴力庇护中心，自2009年设立以来仅入住过2人。[2]

目前，我国反家庭暴力庇护所的运行管理模式比较复杂，包括政府主办、企业主办和社会组织主办三种运行模式。其中，以妇联为主，由公安、民政、医院、司法机关联合是最普遍的模式。由于庇护所的运作模式不同，日常管理也存在很大差异。政府主导的庇护所目前大多由救助站兼营，普遍做法是在救助站中辟出房间挂牌成为反家庭暴力庇护所，从管理上看存在工作权责不清的问题。从庇护所提供的服务来看，救助站主要救助对象为流浪乞讨人员、精神病人，其工作原理与为家庭暴力受害者提供救助的庇护所存在很大冲突。此外，庇护所准入门槛高，需要妇联、公安部门转介。在庇护所管理方面，由于救助站管理不严，个别地方甚至出现过施暴者再次闯入庇

---

[1] 彭玉凌、夏咏梅、涂利："我国反家暴庇护所运营机制创新研究"，载《延边党校学报》2018年第3期。
[2] 王俊、张璐等："多地反家暴庇护所现状调查：遇冷的'避风港'"，载《新京报》2020年11月25日。

护所殴打受害人的情况。大部分收容庇护服务都是临时性的紧急援助,许多地方甚至限制受助者最多停留7天。显然,这并不能完全满足受害者寻求庇护的时间需要。此外,由于专业人才匮乏,庇护所功能单一,只能为家庭暴力受害人提供临时性的紧急救助,为他们提供一些基本的、短期的生活服务,难以满足受害者的法律、心理、就业等各种需求。此外,需要指出的是,家庭暴力的受害者往往是女性,而庇护所的工作人员大多是男性,因此很难为遭受暴力的女性提供更周到、更贴心的服务。

四、《反家庭暴力法》下加强女性权益维护的路径

（一）拓宽《反家庭暴力法》的适用范围

家庭暴力的范围"不应局限于血缘或近亲属,也不应受制于'共同生活'的空间标准",我们可以借鉴国外立法经验,引入"亲密关系"的标准。家庭暴力与普通暴力区别的关键不在于他们是否居住在一处或是近亲属,"而在于是否存在一种控制和被控制的亲密关系"[1]。在国外的立法经验中,亲密关系常被作为"家庭暴力"中"家庭"的判断标准。家庭暴力被定义为,与另一方有密切关系的人所遭受的身心虐待或暴力。"当一方使用身体暴力、胁迫、威胁、恐吓、孤立,采取情感、性和经济暴力试图维持对亲密伴侣的权力控制时,就会发生家庭暴力。"[2]亲密关系有三个特点:一是长期频繁互动;二

---

[1] 周安平:"《反家庭暴力法》亟须解决的几个问题——对《反家庭暴力法（草案）》的分析",载《妇女研究论丛》2015年第2期。

[2] 王楠:"我国反家庭暴力立法的现状反思与制度完善",载《重庆理工大学学报（社会科学版）》2018年第6期。

是有很多共同的活动和经历；三是相互影响很大。这一层面的暴力行为应纳入《反家庭暴力法》的范畴。

另一方面，不应局限于积极作为的家庭暴力行为（即明显的身体暴力或精神暴力），要加强对经济暴力、冷暴力、性暴力等方面的规制，在立法上为预防和控制消极暴力提供法律依据。

（二）规范判决书中对"家庭暴力"的表述

在审理涉及家庭暴力的案件时，人民法院应当高度重视受害人的"反家庭暴力"诉求，在判决书中明确是否存在家庭暴力。在确认存在家庭暴力的情况下，判决书应当引用《反家庭暴力法》的有关规定，明确要求消除一切形式的家庭暴力。无论是否判决离婚，只要家庭暴力的事实经过审理确认，就应该对施暴者进行教育，令其停止暴力行为。

（三）完善证明标准和举证责任

首先，扩大证据范围。除了警方提供的报警记录、警情记录、勘验记录、询问笔录、调解书，医疗机构提供的医疗记录等常见证据之外，应尽量扩大证据范围，如妇联信访登记信息、受害者提供的手机微视频、微信聊天记录、照片、日记以及施暴者的保证书等，凡能证明家庭暴力行为存在的材料均可作为证据。另一方面，也要注意证人证言的作用。在家庭暴力案件中，有一种特殊的证人证词，来自未成年人。有时未成年人是家庭暴力的唯一见证者。对于未成年子女提供的与其年龄、智力、精神状况相符合的证言，应被视为证据采纳。

其次，适当降低证明标准。对同一事实如果双方当事人提供相反的证据，但都不足以否定对方证据的，人民法院应当结合案情，判断某一方证据的证明力是否明显大于另一方，并最终确认证明力较大的证据。对家庭暴力证据的认定，只要当事人能够证明家庭暴力事实存在的可能性大于不存在的可能性即可。适当减轻家庭暴力受害人的举证责任，降低证明标准，将有助于保护受害人的权益。

最后，举证责任分配向弱势群体倾斜。在无法依照法律及其他司法解释确定举证责任时，人民法院应根据公平和诚实信用原则、当事人举证能力等因素，综合确定举证责任的承担。法官在一定条件下拥有分配证明责任的自由裁量权，针对家庭暴力的隐蔽性和举证难的问题，合理分配举证责任，在现行"谁主张，谁举证"原则的基础上，法官可以适当减轻被害人部分举证责任。例如，当申请人提出人身安全保护令申请时，人民法院只需考虑是否存在家庭暴力的可能性。如果存在的可能性大于不存在的可能性，就完成了申请人的举证责任。

（四）完善各项保护措施，增加可操作性

1. 完善人身安全保护令制度

作为一种临时性的紧急救济措施，人身安全保护令可以直接并有效阻断家庭暴力行为。人民法院在审查保护令申请时，对于是否存在家庭暴力或者是否面临家庭暴力威胁，应当采取从宽原则。根据现行法律，人身安全保护令由人民法院签发，并负责送达执行，被申请人所在地的公安机关、居民委员会、村民委员会应协助执行。鉴于实践中存在执行权限模糊的问题，宜修改为"由法院签发，送交当地公安机关执行"更为适合。公安机关应当尽快送达给申请人和被申请人，并告知被申请人人身安全保护令的具体内容和违反人身安全保护令的后果。人身安全保护令送达后,可根据情况要求当地居委会、村委会、妇联等组织予以协助,对申请人和被申请人实行定期回访,并及时将执行情况反馈公安机关和人民法院,建立家庭暴力监测与风险评估机制。加强与《民法典》《未成年人保护法》《老年人权益保障法》《刑法》《民事诉讼法》等其他单行法的衔接。当被申请人确有违反人身安全保护令的行为时,可以作出制度设计,对被申请人处以罚款处罚,并将罚金支付给申请人。

2. 加强家庭暴力庇护所建设

针对我国庇护所的现状,可以从多方面加以改进,以充分发挥庇护所的功能。其一,要加大对家庭暴力庇护所的宣传力度,增加公众对家庭暴力庇护所的认知。其二,探索多元化的家庭暴力庇护所建设模式,完善家庭暴力庇护所功能。应加大对政府主导的家庭暴力庇护所的资金投入,提高工作效率和服务功能。庇护所不应仅限于为受害人提供短期的居住场所和基本的物质帮助,还应提供心理服务和法律援助。家庭暴力庇护所也可以通过政府支付费用并委托给社会服务机构的方式,与志愿者组织合作,吸纳警察、法官、律师和心理咨询师等专业人士,为家庭暴力受害者提供更优质的服务。同时,可以建立全国性的反家庭暴力庇护所网站和全国性的家庭暴力受害者热线,囊括全国所有的庇护所。受害者可以通过电话或网络咨询、寻求帮助。允许受害者跨地区寻求庇护,有利于保护受害者,帮助其有效隔离施害者的伤害,增加庇护所的隐蔽性、安全性。

（五）增加对施暴人的惩戒措施

1. 建立"家庭暴力黑名单"

家庭暴力并不是一件光彩的事。对于当事人来说，为了维护自己的职业前途和社会形象，往往希望遮掩此事。作为对施暴者的惩罚，最高人民法院可以建立统一的"家庭暴力黑名单"。只需进入系统，输入被调查者姓名等信息，即可查询家庭暴力情况。它可以使家庭暴力实施者无处隐藏，让其亲朋好友、同事和领导知晓，这将对他们未来的发展和个人形象有很大的影响。它能深深戳中施暴者的痛处，防止他们再次实施家庭暴力。

2. 对施暴者实行社区矫治

我国反家庭暴力制度采取预防为主、教育矫治与惩戒并行的原则。从反家庭暴力的角度来看，矫治施暴人十分必要。在国外，一些国家设立的"强制参与改造工程""社区参与体系"等都颇具特色，也收到了很好的效果，其矫治行为包括要求被申请人参加无偿劳动、遵守某些禁令等，非常值得我们借鉴。建立家庭暴力行为人惩戒制度应注意两点：其一，家庭暴力与其他暴力行为同样有危害性，必须积极、及时地进行干预。其二，家庭暴力与一般暴力不同，在于它发生在亲密的家庭成员之间。因此，在惩处家庭暴力行为时对亲密关系的依赖性应给予充分考虑，以维护家庭关系的稳定。考虑到以上两点，我们可以对家庭暴力采取惩戒、矫治相结合的综合治理模式。

对家庭暴力人员的行为矫治可以纳入社区矫治体系，由当地矫治机构负责，并由社区、妇联、公安机关协助执行。矫治内容可以包括强制被矫治人参加心理课程、接受心理辅导和治疗、参加义务劳动等。通过社区矫治，在各种力量的共同努力下，帮助他们找到自我，重返家庭。

3. 增设家庭暴力罪

目前我国刑法并未设置家庭暴力罪。依据家庭暴力行为表现的多样性，涉及的刑事罪名也有很多：例如故意杀人、故意伤害、强奸、猥亵儿童、非法拘禁、侮辱、虐待、遗弃、暴力干涉婚姻自由等严重侵害人身权利的犯罪都属家庭暴力犯罪的常见犯罪类型。现实中虐待性质的家庭暴力犯罪较为多发，即行为人持续采取打骂、威吓、体罚、冻饿、强迫过度劳动、限制人身自由等方式对家庭成员的身体和精神实施侵害。上述《刑法》相关罪名虽然可以作为打击家庭暴力犯罪的法律依据，但是家庭暴力犯罪与一般犯罪相比具有特殊性，既要考虑罪刑法定、罪刑相适应原则，也要兼顾被害人的意愿、家庭的稳定等因素。这些因素无疑会影响对家庭暴力被告人的定罪和量刑，从而影响惩治家庭暴力犯罪的实际效果。

以虐待罪为例，在我国《刑法》中虐待罪属于自诉案件，需遵循不告不理的原则。这意味着即便虐待行为恶劣，司法机关也不会主动介入干预。虽然《刑法修正案（九）》对这一情况进行了补正，对于被害人没有能力起诉，或者因为受到强制、威吓无法提起诉讼的，规定可由公安机关立案侦查，不再受自诉案件的限制。但对于多数情况而言，虐待罪的成立，一是要满足经常性、一贯性虐待的条件要求；二是要有充分证据证明伤害后果的存在。对于被害人而言，这两项要求都很难达到，使得虐待自诉案件难以成立。另一方面，由于告诉才处理，当事人基于多种顾虑因素，很多时候选择忍耐，哪怕在出现重伤的情况下，依然无法下定决心。例如，李某（女）与宋某系夫妻，两人于2011年11月结婚。2015年，宋某开始时常殴打、谩骂李某。2016年3月15日，李某不堪忍受连续打骂，愤而跳楼，宋某并未因此停手，将李某背回家中后继续殴打，直至李某难以坚持才将其送到医院。在李某就医期间，宋某又多次到医院骚扰、辱骂李某及其家属。李某不堪忍受，于2016年9月向人民法院申请人身安全保护令，法院依法作出裁定禁止宋某实施家庭暴力，禁止骚扰、跟踪接触李某及其近亲属。[1]令人遗憾的是，在这起案件中，《刑法》并没有介入。按照普通刑事犯罪定罪处罚标准，家庭暴力的定罪量刑起点过高。因此，增设家庭暴力罪，依据罪责刑相适应原则，对家庭暴力作出专条规定，有利于震慑家庭暴力犯罪，真正起到保护家庭中的弱势群体的作用。

（六）增加对家庭暴力受害人的支持制度

1. 完善涉家庭暴力离婚损害赔偿制度的应用

首先，对家庭暴力引起的离婚案件，法官应履行书面告知义务。受害人长期遭受家庭暴力后，往往急于解除婚姻关系、争夺抚养权，为了尽快摆脱身心伤害，因此很少申请损害赔偿。[2]最高人民法院在《婚姻家庭编解释（一）》中明确规定人民法院在受理离婚案件时，应当书面告知当事人离婚损害赔偿的有关权利和义务内容。在案件审理过程中，确认存在家庭暴力的事实后，法官应当提醒无过错方有权要求离婚损害

---

[1] 贾莹莹、黄山："辽宁省发出首例人身安全保护令"，载《中国妇女报》2016年3月30日。

[2] 蒋月："我国反家庭暴力法适用效果评析——以2016—2018年人民法院民事判决书为样本"，载《中华女子学院学报》2019年第3期。

赔偿。其次，应大幅提高损害赔偿标准。当下，各地法官对于离婚损害赔偿的情节和数额并没有统一的标准。有些法院主张"赔偿金额要与受害人所遭受的损失相当。对于不能证明家庭暴力损失的，人民法院可以驳回其损害赔偿请求"[1]。基于这一司法现状，《婚姻家庭编解释（一）》第86条明确离婚损害精神赔偿，适用《最高人民法院关于确定民事侵权精神损害赔偿责任若干问题的解释》的规定。具体应当综合考虑行为人过错程度、具体情节、受害人损害程度、行为人经济能力以及当地平均生活水平等多种因素，确定赔偿数额。数额不能太低，否则很难起到惩治家庭暴力的作用。

2. 财产分配倾向受害者

在家庭暴力引发的离婚诉讼中，除了支持家庭暴力受害人提出离婚损害赔偿外，在处理婚姻共同财产时，应在保障被申请人基本生活的前提下对受害者在财产分配方面予以合理程度的倾斜。

3. 子女抚养权向受害者倾斜

家庭暴力不仅伤害了受害家庭成员的身心，往往也给未成年人带来无法弥合的身心创伤，不利于未成年人的健康成长。因此，在离婚案件中如果涉及家庭暴力，除非申请人有明显的不利因素或者不愿意抚养，在子女抚养权问题上应当适当倾向于申请人，帮助未成年人远离家庭暴力环境。

---

[1] 蒋月："我国反家庭暴力法适用效果评析——以2016—2018年人民法院民事判决书为样本"，载《中华女子学院学报》2019年第3期。

结　语

家庭是社会最小的组织单元。打击家庭暴力，切实维护妇女合法权益，是国家、社会和每个公民的共同责任。对于家庭暴力，要不断提高女性的维权意识，鼓励每一位家庭暴力受害者拒绝沉默，要勇于维护自己的合法权益。一方面，最高人民法院、最高人民检察院、公安部、民政部、教育部等部门可以发布本部门的指导意见，全面、具体地规定和说明本部门的相关职责和措施，重点完善人身安全保护令、告诫、强制报告和庇护安置机制的具体流程和内容。另一方面，各地方可依法制定《反家庭暴力法》的地方实施办法，重点解决部门执行难、经费保障难、配套措施不到位等问题。在反家庭暴力的处理机制上，我们还可以将各地区的良好实践经验进一步提炼、升华，使其纳入立法层面，通过立法和执法的共同作用，形成有效预防家庭暴力、制裁家庭暴力的动态社会法律援助体系，最大限度地减少家庭暴力的发生，促进家庭和睦健康、社会和谐稳定、国家长治久安。

第三章　社会经济领域的男女平等

《劳动法》视域下社会性别平等问题

社会性别是相对于生理性别的一个抽象概念。近年来,在男女平等问题的研究领域,社会性别理论作为一个新的研究视角被学术界广泛关注。社会性别平等要求男性和女性的不同行为、期望和需求均能得到平等的考虑与评价。劳动并获得收入是大多数劳动者赖以生存的基础,男性与女性劳动权是否平等不仅关系着男女地位、收入的差距,更关系着部分女性劳动者的生存质量。社会性别的不平等不仅剥夺了部分女性劳动者的就业机会,也严重地破坏了社会就业大环境。对于社会性别平等,不能只强调形式上的平等,更要重视在实践中的实质平等,最终实现社会性别的结果平等。笔者从《劳动法》视域下的社会性别不平等现象入手,剖析女性在劳动领域遭受不平等对待的原因,探寻破解之法,以期推动社会性别平等更加深入实现。

一、社会性别平等的概念及法律体现

(一)社会性别平等的概念

性别一词具有双重含义,即生理性别(sex)和社会性别(gender)。生理性别(sex)是指两性先天形成的在生理方面的差异,这种差异是由生物遗传因素决定的,非经后天人为干预不可更改。社会性别(gender)与生理性别相对,是指由于社会对两性及两性关系的期待、要求和评价的不同，后天形成的性别特征与差异。[1]正如西蒙·波娃所说："一个女人之为女人，与其说是天生的，不如说是形成的。"[2]在《英汉妇女与法律词汇释义》一书中对社会性别作出最早的定义，即社会性别是指在社会文化中形成的对男女差异的理解，以及在社会文化中形成的属于女性或男性的群体特征和行为方式。[3]从本质上而言，这是一种业已形成的社会化的规则。在这种规则框架内，男性和女性都需要遵循既定的规则和角色，也正因为如此，在不同的地域、不同的社会发展阶段及社会文化之下的社会性别规范都有所不同。性别平等，是涵盖于平等原则之下的概念，来源于平等原则。

平等权是我国公民的一项基本权利，性别平等要求在承认每个人自身差异的前提下，通过法律来逐步缩小两性在占有资源和分配收益方面的差距，确保两性平等地享有发展的权利，享有相同的机会和资源，平等地享有社会经济、文化发展所带来的成果。性别平等理论在《劳动法》领域同样适用。

（二）我国《劳动法》关于社会性别平等的规定

1990年，我国加入了国际劳工组织订立的《男女工人同工同酬公约》[4]，公约对"男女工人同工同酬"做了界定。"同工

---

[1] 李沂靖："社会性别观念与劳动领域性别不平等状况相关关系的调查与分析"，载《中华女子学院山东分院学报》2009年第1期。

[2] [法] 西蒙·波娃：《第二性——女人》，桑竹影、南珊译，湖南文艺出版社1986年版，第106页。

[3] 周应江："以社会性别视角审视法律 以法律推进保障性别平等——《中华女子学院学报》'女性与法律'栏目15周年回眸"，载《妇女研究论丛》2011年第3期。

[4] 《男女工人同工同酬公约》（国际劳工组织第100号公约，1951年6月29日国

同酬"指订立的报酬率不得有性别上的歧视。公约还规定,男女工人同工同酬的原则对一切劳动者适用。[1]2006年,我国加入了国际劳工组织订立的《消除就业和职业歧视公约》[2],公约对"歧视"进行界定,性别因素不能够成为损害就业权或者实施不平等待遇的理由。为此,我国制定和修改了一系列促进性别平等的法律法规。第一,在宪法中规定男女在各方面享有同等的权利,男女同工同酬等。[3]第二,通过《劳动法》等具体的法律促进劳动领域的社会性别平等。《劳动法》第13条规定男女就业权利平等,此外,还规定了劳动者从进入到退出劳动力市场,包括在就业机会、职业选择、同工同酬、劳动安全卫生保护、职业技能培训、社保待遇等方面的权利平等。[4]《劳动法》还设立专章规定了对女职工和未成年工的特殊保护。2005年修正的《妇女权益保障法》规定男女享有同等劳动权和社会保障权利;实行男女同工同酬,妇女在福利待遇,职务晋升等方面享有与男子平等的权利,用人单位不得因女职工怀孕、生产、哺乳等原因,降低女职工工资,辞退女职工或单

(接上页)际劳工组织大会第三十四届会议通过,1953年5月23日生效)共14条,规定了男女工人同工同酬的基本原则。

[1] 郭慧君:"浅析男女同工不同酬",载《劳动保障世界(理论版)》2011年第12期。

[2] 2005年8月28日,第十届全国人民代表大会常务委员会第十七次会议决定:批准于1958年6月25日经第42届国际劳工大会通过的《消除就业和职业歧视公约》(第111号公约)(以下简称《公约》)。同时声明:在中华人民共和国政府另行通知前,《公约》暂不适用于中华人民共和国香港特别行政区。2006年1月12日,中国政府在日内瓦向国际劳工局长正式交存批准书,进行登记。至此,中国已经正式批准了《公约》。

[3] 《宪法》第48条第2款。

[4] 栗阳:"女性农民工劳动权益保护问题调查与思考",载《中共乐山市委党校学报》2012年第4期。

方解除劳动合同。2007年通过的《就业促进法》进一步明确了女性在就业和劳动过程中应享有的不受歧视的权利；在2012年通过的《女职工劳动保护特别规定》中对女职工孕期、产期、哺乳期间的特别保护与禁忌劳动范围进行了明确的规定，目的在于对女性劳动者在特殊时期内给予照顾。[1]第三，通过出台行政政策、制定行政措施，促进性别平等。2011年国务院发布《中国妇女发展纲要（2011—2020年）》，在总目标中强调"从法律、政策、市场规范等方面保障女性平等的劳动权利"[2]。综上，在我国劳动法的相关规定中，对女性劳动权利保护的内容大致包括：① 工作中要求整体上贯彻性别平等，即妇女享有与男子平等的劳动与社会保障权利；禁止在就业、薪酬、绩效考核和晋升中的性别歧视。②对女性的特殊时期实施特别保护：禁止以结婚、怀孕、生育和哺乳为由减薪或解除劳动合同。③ 对女性整体的特别保护措施：禁止安排女职工从事"不适合女性"的工作。

但也要看到，针对我国《劳动法》领域的性别平等，无论是在立法方面还是法律实施方面，依然存在很大空间需要完善。法律对女性权利的保护中，原则多于措施；就目前来看劳动者在遭遇不平等的对待时，法律救济途径依然不完善；缺少平等案由的设置，难以做到依法受理女性受歧视案件，而目前其他的救助方案也没有明确的标准，实践中女性的权利仍不容易得到保障；针对女性的性别歧视，在市场经济的环境中也逐

---

[1] 郭慧敏、王慧芳："女性特殊劳动权益保护的负效应分析及消解"，载《河北大学学报（哲学社会科学版）》2009年第4期。

[2] 齐艳英："关于完善我国社会性别平等的法律思考"，载《理论界》2007年第7期。

渐暴露出来，在劳动力市场上，企业裁员中最先下岗的往往是女性。从社会性别的角度看，女性劳动者的权益不应该局限在对女性的法律援助方面，应该更多关注女性与男性的权利动态关系。

二、《劳动法》下社会性别不平等的现实困境

（一）就业机会的不平等及就业准入歧视

男女就业机会不平等具体表现在以下两方面：一方面是女性在进入某一行业时无法得到与男性平等的机会；另一方面是女性在职位的晋升或者培训等方面无法享有与男性平等的竞争机会。通常，在劳动力市场上，无论是应届毕业生还是有工作经验的社会劳动者求职，女性被拒绝的概率远远大于男性。一些用人单位在面向新员工的招聘中，设置隐形门槛，间接地拒绝女性求职者。更有甚者，一些用人单位直接标出"男性优先""只招男性"的录用条件，将女性拒之门外。也有一些用人单位在招聘时虽然没有明确区分性别，但等到笔试过后的面试阶段，就会"走个形式"进而对女性求职者予以拒绝。[1] 尽管女性在求职的过程中，为了提高就业率，尽可能多地提高自身的职业能力水平和考取相应的资格证书，甚至不惜主动降低自己的薪酬和待遇标准以求能够得到工作机会，但现实是女性在劳动力市场上依然遭受冷遇。

对于女性就业中所遭遇的困境，通过检索法律文书与裁判案例，可以发现女性在维护自身权益时存在维权少、维权难、

---

[1] 樊硕："从劳动法谈如何完善并保障男女劳动权的平等问题"，载《法制与社会》2011年第5期。

维权慢的症结。比如，在一则案例中，王女士应聘某家贸易公司，试用期为3个月。王女士在入职前未结婚，在《应聘人员求职登记表》上也填写的未婚。过了4个月，王女士意外怀孕，基于王女士隐瞒自己的婚姻状况以及意外怀孕，公司将其解聘，理由是王女士违反了公司的相关规定。[1]

在社会性别视角下，社会应当平等地尊重和保护公民的个人隐私权，避免将个人隐私作为建立或解除劳动合同的理由。劳动力市场中，因为妇女结婚、怀孕、生育或哺乳而解除劳动合同的情况并非罕见。笔者认为上述属于个人隐私的一些信息，劳动者应当有权利不为他人知悉。在上述案例中，贸易公司应当在工作管理范围内掌握劳动者的工作能力和工作情况，而不是个人隐私等信息。当婚姻状况与从事的工作没有直接的关系时，个人有权利保密。

就业准入歧视包括显性歧视和隐性歧视。显性歧视是我们自身能够直观地观察到、感受到的性别不平等。随着我国劳动法治建设的不断发展，劳动监察部门对就业性别歧视的重视力度不断加强，显性的歧视已经明显减少，相比之下隐性歧视更具普遍性。隐性歧视就是表面上要求所有人遵从相同的标准，实际上却是以某一性别的职业标准为主，从而忽视另一种性别群体的利益需求，这种歧视更为隐蔽并且难以杜绝。例如，一些用人单位虽然在接收简历时不区分性别，但在简历筛选过程中倾向于选择男性，或是对于女性求职者设置更多的审查环节，提高女性的入职门槛。一些用人单位的入职体检中设置妇

---

[1] "女员工试用期怀孕 主动告知公司后却遭辞退"，载《南方工报》2019年4月26日。

科检查，甚至包括收集女性的月经史。很多女性求职者认为，过于细致的妇科检查与将来的工作没有直接关系，对录用考核的价值不大，而且是对女性隐私权的侵犯和人格尊严的损害，是对女性的隐性歧视。

（二）存在职业性别隔离与行业隔离

1. 部分企业用工制度不符合劳动法律规定

我国《劳动合同法》规定，用人单位需要主动与职工签订劳动合同，这是法律的强制性规定。这条规定不仅是我国对企业用工制度作出的强制性约束，更是用以保护劳动者自身权利的特殊保护性措施。然而，在实践中，部分企业在录用女性职工时，仅仅在口头上约定劳务报酬，然后后续再补签劳动合同或者直接不签劳动合同。不签劳动合同一方面令企业得以逃避社会保险缴费责任，另一方面将导致女职工维权困难。不签劳动合同对劳动者而言存在很大的风险，一旦发生劳动争议，因为无法提供劳动合同，劳动者在诉讼举证环节根本无法提供充分有效的证据来证明劳动关系的存在，由此而导致撤诉或败诉的案件时有发生。

2. 职业性别隔离和行业隔离

"职业性别隔离指某一性别劳动力在某一职业中所占比例异于该性别劳动力相对于劳动力人口的相应比例。"[1]学者研究发现，职业性别隔离的程度是影响男女收入不平等的最主要因素之一。[2]职业性别隔离可以进一步划分为职业水平隔离

---

[1] 唐其宝："我国女职工劳动权益保护存在问题及完善"，载《长沙铁道学院学报（社会科学版）》2008年第3期。

[2] 李春玲："中国职业性别隔离的现状及变化趋势"，载《江苏社会科学》2009年第3期。

和职业垂直隔离。职业水平隔离也称行业隔离,是指男女在不同行业间的就业比例差异;垂直隔离是指男女在同一行业中职位、地位的比例差异。从目前社会劳动力市场的构成分析,女性在商业和服务业等行业的从业比例高于男性,而男性在工程制造、生产运输等行业中从业比例更高。从行业角度来看,男女在不同职业间的职业隔离在逐渐减小但依然存在。从岗位角度观察,女性在行政、运营、市场等岗位比例较高,但在大型国企、党政机关等主要领导职务中的比例一直低于男性。[1]随着社会经济高速发展,女性受教育程度不断提高,更多女性进入社会白领阶层,在专业技术人员职业领域,女性比例甚至超过男性,但是高级管理、领导岗位则男性居多。例如,在学校和医院中虽然女性从业者居多,但校长和院长多为男性。同样,工程师、建筑师等职业中女性在同等条件下就业难度较男性更大,在更高的领导岗位则多为男性。在我国党政机关负责人中女性占比不足30%。[2]

我国第一起行业隔离和职业性别隔离诉讼成功的案件,是邓某某(女)诉某速递物流有限公司、某劳务公司人格权纠纷案。某劳务公司在某同城网站发布招聘信息,招聘速递员。邓某某认为自己完全可以胜任物流工作,尽管招聘信息中要求应征快递员职位的必须是男性。邓某某投出简历后被告知可以面试,然而面试中邓某某被告知由于是女性而被拒绝。后邓某某提起诉讼,一审法院判决某速递公司、某劳务公司构成对邓某

---

[1] 樊硕:"从劳动法谈如何完善并保障男女劳动权的平等问题",载《法制与社会》2011年第5期。

[2] 李春玲:"中国职业性别隔离的现状及变化趋势",载《江苏社会科学》2009年第3期。

某的就业歧视，要求进行赔礼道歉并赔偿损失。[1]

虽然针对女性在遭遇职业隔离以及行业隔离时遇到的困境，人社部等九部门联合发布有《关于进一步规范招聘行为促进妇女就业的通知》等文件予以纾解。但是，女性的职业发展阻力依旧存在，企业的管理及领导层中依旧以男性为主，社会也依然存在对女性管理者的歧视，进而贬低其工作能力。行业和职业性别隔离的结果就是，女性的劳动价值会被贬低，直接影响女性的职业发展。

（三）职业待遇存在性别差异

1. 男女同工不同酬

社会性别视域下的劳动报酬问题，是考察男性劳动者与女性劳动者在同等工作条件下的工资待遇是否相同。男女同工不同酬，具体指的就是相比于女性劳动者，处于同一工作岗位的具有相同工作经验以及工作条件的男性，所获得的工资、福利待遇更高。[2]我国《劳动法》第46条和《妇女权益保障法》第24条都有关于男女同工同酬的规定。世界经济论坛发布的《2020年全球性别差异报告》指出，全球男女收入差距进一步扩大。在我国企业中，女性平均薪酬水平一直低于男性。在移动互联网招聘网站"BOSS直聘"上发布的《2019年中国职场性别差异报告》显示，2018年中国女性平均薪酬为6497元，是男性薪酬的78.3%。[3]从性别因素对工资收入的影响来看，我国性

---

[1] "最高人民法院关于弘扬社会主义核心价值观典型案例"，载《人民法院报》2016年8月23日。

[2] 刘芃、王仁法："浅论劳动权益保护之保护妇女劳动权益"，载《教育教学论坛》2013年第11期。

[3] BOSS直聘：《2019年中国职场性别差异报告》，载http://www.199it.com/

别工资差距明显。在造成男女收入差距的所有因素中,行业、职位和工作年限等因素影响最为突出。高薪岗位上的男性与女性比例严重失衡,精算师、架构师、证券分析师等高薪岗位中的女性占比不足30%,导致高收入职位性别差异明显。在互联网、医疗、电子商务等男女从业比例相对平衡的行业中,由于关键岗位和管理岗位多为男性,所以男女之间收入差距仍然较大。女性收入的差距除了受自身的内在局限之外,也受到婚育、家庭、社会壁垒等多重因素影响,导致在择业和岗位竞争力方面呈现弱势,薪酬回报率明显低于男性。[1]

2. 晋升与培训机会不平等

在同等的教育背景和生产力条件下,男性劳动者的晋升机会和培训资源要远远优于女性,尤其在国有企业中,这点表现得更为突出。在大部分国有企业的高层管理者中,女性和男性的比例是1∶8或者2∶10,[2]导致女性在高层管理者中人数比例的不足,女性在工作中很难获得与男性同等的竞争力。由于晋升的机会少,也会导致女性劳动者缺乏工作积极性,怠于提高工作能力,长此以往,女性在职业的发展中更容易遇到瓶颈,一旦遇到企业裁员,她们往往是率先被考虑的对象,如此就形成了性别歧视。这种循环导致女性劳动者在就业中处于劣势,更加体现了社会性别的不平等。

(接上页)archives/843315.html,2021年8月10日访问。

[1] BOSS直聘:《2019年中国职场性别差异报告》,载http://www.199it.com/archives/843315.html,2021年8月10日访问。

[2] 李春玲:"中国职业性别隔离的现状及变化趋势",载《江苏社会科学》2009年第3期。

三、《劳动法》下社会性别不平等的原因剖析

（一）法律概念抽象化弱化性别因素

法律作为一种特殊的社会行为规范，具有普遍性特征，它从调整抽象的社会关系出发，规定了统一的、普遍的行为模式、方向和标准。这就要求在一国领域内，法律对每个人都具有相同的约束力，所有人都要遵守，即法律面前人人平等。但法律是由人制定的，人在制定法律的过程中往往无法预见未来的状况，这就造成法律适用中存在不同程度的对象弱化等问题。比如，在《劳动法》领域中，男性和女性往往针对同一件事情会有不同的法律诉求。虽然在《劳动法》中规定女性与男性享有平等的就业权，在录用时，除了国家规定的不适合女性从事的工种或工作岗位外，不得因性别原因拒绝录用女性或特别提高对女性的录用标准。但是目前的《劳动合同法》[1]并没有区分性别，无论是在2007年立法还是在2012年修正时均未提及男女平等、同工同酬，未能充分考虑我国劳动领域存在的性别歧视现象并做出相应规制。劳动法律规范对于性别因素的忽略，导致法律适用的结果难以实现实质性平等。女性在劳动合同订立前后以及劳动合同履行过程之中由于性别原因而遭遇不公正待遇的情况依然普遍存在，特别是在孕产期或哺乳期的工资、休假、生育保险等方面的情况尤为突出。例如，陈女士因为怀孕被所在公司催促离职，陈女士通过诉讼进行维权，并获得胜诉，可回到公司发现，公司将其安排到工地上班。对于

---

[1]《劳动合同法》于2007年6月29日第十届全国人民代表大会常务委员会第二十八次会议通过，自2008年1月1日起施行。2012年12月28日，第十一届全国人民代表大会常务委员会第三十次会议通过修改决定，于2013年7月1日起施行。

公司的故意刁难，法律上很难给出合适的解决方案。[1]劳动立法一方面主张民主与平等，另一方面却无法给予女性平等的保护。在法律文本中虽然规定了妇女享有与男子平等的就业权，也强调了女性在特殊时期的保护。但在某些法律领域又给予了一种对女性的中立标准，这种看似中立的规定实际上却给某一群体——大多数情况下表现为给女性带来不利影响。由于法律的制定具有抽象性，这就使得法律的目的、本质在一定程度上并没有区分性别。因此，应当从社会性别理论出发，重新解读法律对平等价值的追求，改变劳动法律制度中的社会性别不平等问题。

（二）现行劳动法律的可操作性相对较低

我国的《劳动法》对男性与女性的劳动平等权做出了相应的规范，对女性劳动者的权益维护与保障也发挥了重要作用。但我国的劳动法律在规范男女性别平等方面依然存在着缺陷和不足。这种不足首先表现为现行的劳动法律规定原则性强，但缺乏相应的可操作性。目前，在我国的劳动法中对妇女劳动特殊权益做出了保护性规定，却忽视了妇女最基本的权益如职业选择和职位晋升等。比如，《就业促进法》规定"实施就业歧视的，劳动者可以向人民法院提起诉讼"，但并没有明确就业性别歧视如何具体认定，也没有明确劳动者向人民法院提起诉讼后在实体法上的救济措施。以前文提到的邓某某诉某速递物流公司的就业歧视案为例，法院对于该案只能以"一般人格权纠纷"为案由，在案件审理中，不得不援引《侵权责任法》和

---

[1] "女子怀孕被催离职：企业不好做，女性就业形势越来越严峻了"，载https://www.sohu.com/a/280330827_100166604，2021年9月10日访问。

《民法通则》（以上两法现已被《民法典》取代）的规定来处理。同时，由于法律没有明确就业歧视的责任构成规则，加之就业歧视本身举证困难，导致就业歧视禁止规则难以落实。再如，《劳动法》规定同工同酬，却并未对如何衡量"同等工作""同等工作条件"给予明确的解释，也未规定具体保护措施。这也就意味着当权利受到侵害时，维权手段和途径并不明确。

此外，法律对女性权益的保护机制不够完善。以《劳动法》《人才市场管理规定》为代表的法律及规范性文件，大多对女性权益有所规定。但就实践情况而言，上述文件并不能摆脱文本意涵较为宽泛、对女性权益指代不清的窠臼。在此类法律文本及政策性文件中，使用禁止性及义务性规则规制用人单位不得歧视女性，但是对于女性权益受到侵犯后有哪些救济渠道、可获得何种法律援助等尚无明确规定，因而当前的法律文件陷入了对女性权益保护机制不完善的窘境，需要立法予以完善。

（三）权利救济机制存在缺陷

现实中，女性劳动者在求职过程中遭遇到不平等对待时不知道应该向哪个部门投诉的问题依然突出。女性权益受到侵害时，裁决主体不明确的问题依然存在。依据《劳动法》和《劳动保障监察条例》[1]，各地劳动保障行政部门主管本行政区域内的劳动保障监察工作。但上述法律中对于劳动保障监察范围的列举并不包括对用人单位在招录时的性别歧视问题。《劳动

---

[1]《劳动保障监察条例》（2004年10月26日国务院第68次常务会议通过，2004年11月1日中华人民共和国国务院令第423号公布，自2004年12月1日起施行）。

法》第77条规定，劳动者与用人单位发生劳动争议时，当事人可以依法申请调解、仲裁或者提起诉讼。但是，目前我国劳动者在维权方面面临的维权程序复杂、维权成本高等一系列问题都让劳动者的维权进程举步维艰。这种权利救济的缺陷表现在以下两方面：其一，劳动仲裁方面存有缺陷。我国《劳动法》第79条规定："劳动争议发生后，当事人可以向本单位劳动争议调解委员会申请调解；调解不成，当事人一方要求仲裁的，可以向劳动争议仲裁委员会申请仲裁。当事人一方也可以直接向劳动争议仲裁委员会申请仲裁。对仲裁裁决不服的，可以向人民法院提起诉讼。"第79条的规定说明，劳动仲裁程序是劳动争议诉讼案件的前置程序，未经仲裁，不能进入诉讼程序。劳动争议的仲裁前置程序存在一定弊端：首先是由于仲裁前置，导致女性劳动者维权程序烦琐，时间成本增加。劳动争议仲裁委员会一般应在收到仲裁申请的60日内作出裁决。对劳动仲裁结果不服提起的劳动争议诉讼的审理时限简易程序是3个月，普通程序是6个月，二审期限是3个月，在特殊情况下时间会更长，还不包括用人单位作为原告要求确认劳动关系的一审、二审。这样，一个劳动争议案件要一年以上才能解决。如此一来，劳动争议易于演变成持久战，对处于弱势方的劳动者较为不利。其二，导致女性劳动者维权费用增加，间接导致女性劳动者维权难。为了解决劳动者维权难问题，虽然现有规定已经最大程度上减少了劳动争议仲裁和诉讼的案件受理费用，甚至不收费用。但是，对于大多数劳动者来说并不具备熟练运用法律知识维权的能力，不可避免地要聘请律师，还要负担差旅费、误工费等费用支出。由于案件审理周期长，这些费用的总量就会很多,有可能超出劳动者的负担能力,令很多女性对维权望而却步,甚至出现劳动者最终获得的赔偿或补偿不足以支付相关费用的情况。

此外,劳动争议诉讼也存在一定的缺陷:其一,诉讼程序漫长,时间和经济成本高。劳动纠纷案件的诉讼往往需要劳动者花费大量时间成本,部分劳动者因为经济原因选择不聘请律师,但是普通劳动者对诉讼程序和法律不熟悉,难以应对诉讼中一系列烦琐的程序,更无法准备充分、有力的质证和辩论。其二,举证困难也是劳动者在维权路上的又一大绊脚石。依照民事诉讼中"谁主张,谁举证"证据规则,劳动者必须能够提供相应的证据以证明自己的主张。然而,在现实情况中,多半的劳动者根本无法提供有利于自己的证据。有鉴于此,劳动者在面临诉讼时,往往处于弱势地位,难免陷入不利的局面。

(四)劳动保障制度落实不到位

尽管我国关于职工的劳动保障方面出台了一系列的法律法规和政策性规定,比如,国家为维护职工合法权益,在职工的养老、医疗、生育等社会保障中明确并细化了各类保险的适用。然而即便是在规范的政策以及明确的法律规定下,仍有个别用人单位逃避缴纳社会保险费。这就导致一些女性职工在退休之后,拿不到退休金或者具备退休条件却无法办理退休,使得这些女性职工退休后的生存难以保障。此外,一些用人单位未缴纳生育保险,致使女职工无法报销生育费用,生育经济负担沉重。这些问题目前在实践中依然困扰很多女性,严重损害女性劳动者的劳动权益。

四、《劳动法》视域下构建社会性别平等的路径

（一）构建社会性别平等的立法保护机制

1. 域外社会性别平等的立法借鉴

在立法领域，一些国家特别是挪威、瑞典、芬兰等国在通过立法来保障女性劳动者权益实现方面已经做出了有效地探索。如芬兰制定的《男女平等法》、挪威制定的《男女平等地位法》及西班牙颁布的《男女平等法》和瑞典颁布的《就业机会平等法》等。[1]这些国家已经开始针对就业中的男女性别不平等予以反歧视规制。1995年第四次世界妇女大会之后，一些国家开始修订法律，明确规定立法、决策层的两性比例，如芬兰、丹麦、挪威等国要求议会中女性比例至少要达到38%。[2]

在就业权益方面，欧美一些国家针对就业中可能出现的性别歧视，制定了一系列法律及相应的保障措施来促进两性平等就业。这种权益保护的范围涉及劳动就业的全过程，例如，美国的《反就业歧视法》保护女性职工在职业选择上免受因雇主歧视而造成的不公平对待；保护女性劳动者在工作岗位上创造同等数量和质量的劳动成果的前提下享受公平付薪和同等福利待遇。[3]除此之外，它还专门规定了女性劳动者在工作过程中的工作安排、职务晋升和教育培训等方面免受歧视。上述立法先例为性别平等的发展注入了新的活力。世界各国在积极地寻求解决社会性别平等的办法，把社会性别纳入决策主流，推进

---

[1] 肖莎："北欧妇女参政模式剖析"，载《欧洲研究》1998年第1期。
[2] 联合国经济及社会理事会文件：《审查和评估〈北京行动纲领〉的执行情况》，纽约，2000年，第48页。
[3] 蔡定剑："西方国家反就业歧视的借鉴"，载《人民论坛》2006年第04B期。

社会性别平等，这为中国社会性别平等的实现提供了一定的借鉴。

2. 将社会性别平等纳入立法程序

当前重男轻女、男尊女卑的传统性别文化在一定程度上依然阻碍着女性平等就业的实现。法律对女性劳动者的保护更多体现在对女性特殊"四期"（孕期、产期、哺乳期、经期）的保护，对女性平等劳动权的实现和自我发展权利的保障尚未给予足够重视。因此，将社会性别平等作为一项立法原则纳入劳动立法之中才显得尤为重要，才能从法律角度改变当前女性就业不平等的状况，促使我国劳动立法向性别公正的方向发展。具体做法包括：其一，加强单项立法，以专项立法的形式加强性别平等的保护，从而实现立法与实践齐头并进。其二，调整现行保护女性权益的法律条款，修改不合时宜的法律法规，女性平等的权益才能在立法层面得到切实的保护。首先，增加妇女参政性别配额的规定，作为促进女性参政的特别措施，打破男性主导决策层的传统局面。根据联合国相关调查研究，女性占决策层的比例不应低于30%，这个比例被称为"关键少数"，只有达到这一比例才能保证女性在决策层中的话语权，使女性的意见在决策中产生效应。其次，制定《反就业歧视法》，将禁止就业歧视贯穿于劳动者就业的全过程，实现就业机会平等、薪酬及待遇平等、失业保障和退休后的养老待遇平等，这样才能充分保证妇女就业权平等实现。最后，修改《劳动法》，增加禁止性别歧视和职业隔离的规定，调整在某些行业中对女性劳动者的歧视和隔离，强制性地规定一些职位的女性比例，使男女比例趋于合理，从而实现男女就业机会的平等。

(二)明确社会性别不平等的标准

1. 建立性别就业歧视标准

实现社会性别就业平等,首要任务是明确就业领域中的性别歧视标准。以使劳动者在遭遇歧视性待遇时能够准确判断并合理维权,从而减少这类情况的发生。目前,有学者将性别就业歧视的标准表述为:"无合法正当理由,仅基于性别差异而采取的任何限制、区别、排斥或者给予优惠,其行为目的在于侵害劳动者的平等就业权利。"[1]就大部分女性劳动者来说,对于在职业中因性别而遭遇的一些差别待遇,很难判断是不是歧视对待。针对性别就业歧视不应片面地理解其意思,要根据综合情况予以辨别。对于性别歧视应当分为两种情况区别对待,分别是合理的差别对待和不合理的歧视行为。

合理的差别对待的行为本质是保护女性的身体和心理健康,维护女性的合法权益,针对女性特殊的生理特征,限制女性进入某些行业或岗位。联合国人权事务委员会第18号一般性意见指出,如果采取区别对待是为了实现合法的目的,并且是客观且合理的,就不构成歧视。[2]例如,我国法律禁止用人单位安排女性从事矿山、井下等高危工作,这些规定的本质都是为了保护女性劳动者的身体健康,从女性的生理特点出发,这是不构成性别就业歧视的。不合理的歧视行为是指用人单位出于经济目的变相地对劳动者进行不同程度的歧视,并非是女性

---

[1] 林晓华:"浅析性别工资差异状况、成因及对策",载《现代经济信息》2016年第8期。

[2] 张伟主编:《国际人权文书:联合国人权条约机构通过的一般性意见和一般性建议汇编》,中国财富出版社2013年版,第118~128页。

劳动者自身的原因。从用人单位的视角上看，录用女性员工成本高，输出的利益又不及男性，因此，基于经济利益考虑，用人单位会对女性劳动者有不同程度的歧视。歧视待遇主要涉及入职、工资、调动、升职和培训等方面。

因此，《劳动法》应当规定就业歧视标准，从而约束企业的行为，为男女劳动权的平等性提供法律保障。

2. 设立专门的性别平等审查监督机构

完善社会性别平等的法律保障机制，有必要设立性别平等审查监督机构，该机构的目的主要负责监督和审查，解决就业中的性别歧视问题。目前，国外已有这种性别平等审查监督机构的设立，诸如美国、英国等先后成立了"平等机会委员会"，这一点值得我国借鉴和推广。因此，笔者认为应成立专门的性别平等监督机构，而且采取全方位多元化的模式进行监督。建议在我国各级人大常委会设立专门的"性别平等监督委员会"；在劳动保障行政部门设立"性别平等监管办公室"，[1]定期对企业的性别平等事项加以考核。只有健全监管体制，才能有效地保障社会性别平等的实现。

（三）完善相关劳动法律法规

1. 规范社会性别平等的法律内容

女性劳动者在求职阶段往往会遭受比较严重的社会性别歧视，这一阶段女性劳动者与用人单位之间既未形成劳动关系，也不存在劳动合同，此时《劳动法》无法为其提供有效保障。因此，我们应当调整《劳动法》的适用范围，不再受劳动关系

---

[1] 潘泽泉、杨莉瑰："女性研究范式重建知识建构逻辑与中国经验——社会性别视角下的女性发展研究"，载《现代妇女（下旬）》2011年第4期。

形成或者劳动合同签订的局限，将女性劳动者在求职阶段的权利保障也纳入《劳动法》的调整范围，该期间可以称之为"准就业"阶段。在这一阶段内，应当规范用人单位的招聘信息和应聘条件，禁止出现性别歧视。然而，想要实现这一目标就必须对性别平等的条款加以细化。具体列举常见的性别歧视行为，淡化性别对就业的影响。与此同时，有关监管部门应当加大惩罚力度，明确用人单位歧视行为对应的法律责任，为女性就业平等权的实现奠定基础。

2. 完善女性平等权的法律保护机制

首先，基于社会性别差异制定的特别保护措施应该予以清除。现在社会中，男女单纯由生理性别差异而产生的对就业的影响逐渐缩小，而受社会性别差异影响导致的就业差距依旧存在。人们常常错误地将男女的社会性别差异当作限制女性平等从事某一行业领域工作的理由，并以此作为针对女性的特殊照顾措施。其实，笔者认为基于社会性别的差异所制定的劳动法律法规的规制效度应当逐渐弱化，更多的是给予女性劳动者自由选择权。在尊重女性劳动者的前提下，不应该强制性地通过法律来规定女性劳动者应当做什么或者不应当做什么，而是给予女性劳动者相当的保护。自由选择职位，这才是保护女性平等就业权的理性做法。

其次，对女性劳动者的特殊保护措施应张弛有度。不可否认的是，男女的确由于生理差异使得女性在某些行业或岗位上有一定的劣势。但是，笔者的出发点并非主张一概不顾这些差异，而是强调要正视这些差异，给予女性一定限度的特殊赋权。注意是"赋权"而不是"保护"。例如，对女性的生育问题而言，应当由男女共同承担责任，如果男女都享有产假待遇，女性便不会因为生育问题而被用人单位歧视。好在我国目前已经在女性的生育福利上有所倾向，同样给予男性"产假"，这正是对女性福利的倾斜，注重性别的平等与和谐发展。

（四）健全社会性别不平等的救济机制

1. 实施举证责任倒置

劳动争议案件具有很大的特殊性，劳动者与用人单位之间既有平等性又有隶属性，用人单位在举证方面具有天然的优势地位。一般说来用人单位内部的劳动规章、考勤表、工资表、社会保险缴费凭证、人事档案等，都由用人单位单方面保管，劳动者很难取得。如果依照一般的证据规则，显然不利于维护弱者的合法权益。因此，为了保护劳动者的利益，确保举证责任分担的公平性，最高人民法院《关于审理劳动争议案件适用法律若干问题的解释》《关于民事诉讼证据的若干规定》及《劳动争议调解仲裁法》中针对劳动争议案件设置了举证责任倒置的原则，即由用人单位承担举证责任。

在性别歧视争议中，同样要打破传统的"谁主张，谁举证"的规则，推行举证责任倒置，帮助女性以法律手段维护自身权益。这意味着原告先承担事实举证责任，证明因为性别差异而受到不平等对待的事实，然后举证责任转移到被告，被告应当证明所实施的行为是合法公平的，没有违反平等原则。如果被告拒绝提供或不能提供证据，则由被告承担不利法律后果。亦如《法国劳动法》规定："涉及歧视女性的劳动案件，不是由原告女雇员证明歧视的存在，而是由雇主拿出证据来证明自己的做法不是出于性别的考虑，而是出于其他的客观因素，并规定在证据上如有疑问,法官应从有利于雇员的角度判断。"[1]在这一点上,我国对社会性别不平等案件亦可实行举证责任倒置的办法。劳动者仅需证明自己受到了不平等待遇即可,用人单位则需要证明自己的录用标准特别是关于职员性别的标准是否基于合理需要,假如用人单位提供不了客观、有效的证据来证明行为的合法性和合理性,就可认定为性别歧视。举证责任倒置这一证据规则,有助于确保女性平等权保护的相关法律不再流于形式。

2. 增设公益诉讼

用人单位基于性别差异而对职工实施区别对待的行为,无疑侵犯了女性劳动者的权益,增设公益诉讼制度,由相关部门作为原告提起诉讼,可以弥补女性劳动者在诉讼中的弱势地位。公益诉讼问题目前已经从理论探讨转化成了一种新型的诉讼机制,为劳动权的司法救济开启了一个新的诉讼途径,其意义重大。关于劳动争议的案件能否都适用公益诉讼,笔者认为,不可一概而论。关键是看劳动争议的内容是否具有普遍性以及劳动者的诉求是什么。如果涉及的仅仅是关于劳动者与用人单位之间的劳动争议,那么就应按照目前《劳动合同法》的规定进行处理。只有涉及工作环境安全卫生、劳动保护、性别歧视等具有普遍影响的事项才可以适用公益诉讼,并赋予工会、妇联等主体以公益诉讼的主体资格。增设公益诉讼制度,不是要处理企业生产经营性问题,而是主要处理一些共性问题。更重要的是,通过法律援助和公益诉讼制度可以引起社会

---

[1] 于雁洁:"我国女性就业问题研究:经济学分析视角",载《贵州社会科学》2011年第7期。

对女性权益的关注，提高女性法律意识，促进社会性别平等观念的发展。

3. 制定"或裁或审，裁审自选"救济制度

传统"先裁后审"的救济机制让劳动者的维权成本大大增加，给用人单位逃避法律责任提供了可乘之机。在劳动仲裁程序中，作为权利救济主体的劳动仲裁委员会无权对用人单位的财产进行查封、扣押、冻结或先予执行，这就为用人单位提供了充足的时间来转移或隐匿财产，以逃避法律制裁。所造成的后果就是，会出现即使劳动者胜诉进入执行阶段，也因用人单位将财产早已转移或者隐匿而权利无法兑现的现象。因此，笔者建议取消传统的"先裁后审"的强制性规定，完善仲裁程序和仲裁组织，重新定位劳动仲裁委员会的职能。采用"或裁或审，裁审自选"的救济制度更有助于满足劳动者的救济需求，劳动者可以自行选择仲裁或者诉讼，这为劳动者提供了很好的选择自由。这一制度的建立，不仅能够减轻劳动者的维权负担，还能有效缓解"三审终审"的冗长程序，合理运用人力、物力和财力。

结　语

我国的劳动法律在立法时贯彻了"男女平等"的原则，但经过多年的实践，《劳动法》在实施中往往无法针对女性劳动者受损的权益提出快速而低成本的解决办法，这种问题的出现不仅仅是源于立法上的滞后，也和社会经济的发展等综合因素相关。女性劳动者在就业中会常常面对用人单位的显性歧视或隐性歧视。社会性别分析可以提供分析法律制度的不同视角，

有利于社会对两性文化进行差别建构。通过社会性别理论，能够突破当下《劳动法》中存在的性别盲点，从而找出相应的对策。从社会性别视角出发，去发现女性劳动者面临的歧视以及导致性别不平等的原因，最后再将社会性别平等意识纳入法律适用的主流。以社会性别理论增补传统的劳动争议解决方式是《劳动法》日后完善的方向。社会性别理论可以帮助我们在具体处理劳动纠纷的案件时，采取措施促进性别平等。通过社会性别视角对法律制度进行解读，审视社会性别偏见和法律中的性别偏好，抵制不平等的性别对待，维护女性切身利益，实现男女在《劳动法》领域下的平等。

我国教育性别平等的状况与对策分析
——以《义务教育法》的法律实施为视角

教育中的性别平等是人类平等理想的重要组成部分,是现代教育的基本价值理念。这一理念和实践,形成了有利于实现性别平等、机会公平的文化环境,使所有人(特别是妇女群体)得以通过教育途径来充分发挥其潜力。我国实行的义务教育制度,是一项促进平等的普惠性制度,体现公平原则,确保所有适龄儿童,无论男女,都能平等地享有受教育的权利。时至今日,《义务教育法》已经颁布了30多年。虽然教育的形式公平和实质公平在很多方面得到了保障,但在该项法律以及各地配套政策的实施过程中,仍然存在一些与性别有关的教育不平等现象,需要予以消弭。

一、义务教育阶段性别平等的状况

(一)义务教育阶段女性教育权利保障

义务教育阶段的女性教育权利保障主要通过四部法律得以实现,分别是《义务教育法》《妇女权益保障法》《未成年人保护法》以及《宪法》。《宪法》是根本大法,规定了公民享有文化教育权利,妇女在文化教育方面享有与男子平等的权利。《宪法》确定了教育性别平等的根本原则,为相关立法提供了宪法依据。《义务教育法》因其具有统揽全局、操作性强的特点，能够直接适用，在实践中更易发挥法律效能，成为地方各级人民政府出台、落实教育相关文件的法律渊源。

根据《义务教育法》规定，义务教育是一项公益事业，国家必须予以保障，建立义务教育经费保障机制，不向义务教育阶段的学生收取学费和杂费。所有具有中华人民共和国国籍的学龄儿童和青少年，不分性别、民族、家庭财产状况和宗教信仰，都是义务教育的对象。义务教育必须贯彻国家教育方针，实施素质教育，促进受教育者德、智、体等身心素质全面健康发展，为国家培养合格的建设者和接班人。各级政府及有关部门、学校及其他教育机构，应当履行相应的职责；父母或者其他合法监护人应当履行相应的监护职责，保障儿童接受义务教育的权利。[1] 除此之外，政府及相关部门、社会组织和个人也要为义务教育创造良好的环境。如国务院和县级以上地方人民政府应当合理配置教育资源，促进义务教育软硬件设施在各地均衡发展，并采取措施保障适龄儿童、少年和残疾儿童接受义务教育；社区和村民委员会应当履行督促职责，采取措施防止辍学；用人单位禁止招用义务教育阶段的儿童、少年。由此可见，该法从立法层面上体现了教育性别平等原则，保障了女性群体在义务教育阶段的平等受教育权。

除了《义务教育法》，在《未成年人保护法》和《妇女权益保障法》中也有关于教育性别平等的相关规定。例如，《未成年人保护法》规定，国家、社会、学校和家庭必须尊重和保

---

[1]《义务教育法》（1986年4月12日由中华人民共和国第六届全国人民代表大会第四次会议通过，并于2015年4月24日和2018年12月29日进行两次修正）。

护未成年人的受教育权，不得歧视未成年女性；《妇女权益保障法》则规定，国家保障妇女享有与男子平等的文化及受教育权利。有关部门应出台配套法规、政策，落实相关规定，保障妇女在入学、升学、毕业分配、授予学位、留学、深造等方面享有与男子平等的权利。学校也应在教育教学、管理培养等方面，根据女性儿童及女性青少年的心理、生理特点，采取针对性措施，保障她们的身心健康。同时，父母或者其他合法监护人也必须履行法定义务，保证适龄女性儿童、少年接受义务教育。对于义务教育阶段女童的失学、退学问题，当地人民政府应当以引导、劝告，甚至采取合法强制措施等方式予以纠正。政府、社会和学校应该帮助上学有困难的女孩，保障她们接受义务教育的权利。

除法律外，还有相关的政策保障，如国务院定期发布的《中国妇女发展纲要》《中国儿童发展纲要》等。1992年发布的《九十年代中国儿童发展规划纲要》，是我国参照联合国《儿童权利公约》和世界儿童问题首脑会议所确定的全球目标，依照中国经济社会发展的实际情况，首次发布以儿童为主体、促进儿童发展的国家行动计划。之后，自2001年起，国务院连续发布《中国儿童发展纲要》，成为指导儿童工作、促进儿童发展的纲领性文件，为切实保障女童的受教育权，消除女童的入学阻碍提供了政策保障。自1995年以来，国务院连续制定并发布《中国妇女发展纲要》。《中国妇女发展纲要》实施以来，我国妇女生存与发展的环境得到很大改善，妇女在包括教育在内的各项权利领域取得了全面进步。

(二)义务教育阶段性别平等的现状

1. 教育机会平等基本得到实现

经过国家各级人民政府和社会各界多年持续的努力,我国在义务教育阶段的性别差距已被基本消除。随着《义务教育法》等相关法律的贯彻实施及《中国儿童发展纲要》《中国妇女发展纲要》的不断落实,我国义务教育事业不断发展,女童平等的受教育权利得到进一步保障,因性别因素导致的入学机会不平等现象已经基本得到纠正。截至2019年,我国小学生净入学率已经连续5年保持99.9%以上,义务教育巩固率[1]达到94.8%,女生在义务教育阶段在校生中占比46.5%,达到7157.3万人。[2] 从数据可以看出,义务教育阶段教育机会平等的发展成果显而易见。

现阶段,教育性别机会平等在义务教育巩固率问题上依然需要进一步加强和巩固,主要表现在义务教育阶段女孩被迫辍学的问题上。这一点,在经济结构仍严重依赖小农经济的地区表现最为严重。

2. 性别平等教育有待加强

学校是儿童接受知识教育、感知自身社会化性别的重要场所,因而学校的教育方式和内容对儿童的社会性别自我认知有

---

[1] 义务教育巩固率(在校生巩固率):指一个九年义务教育学校的入学学生人数与毕业生人数的百分比。计算公式是:义务教育巩固率=毕业生人数/入学学生人数(含正常流动学生)×100%。该指标为国家"十二五"规划新增指标。参见360百科词条:"九年义务教育巩固率",载https://baike.so.com/doc/369007-390894.html,2021年9月26日访问。

[2] 国家统计局:《2019年中国妇女发展纲要(2011—2020)统计监测报告》,载http://www.gov.cn/xinwen/2020-12/19/content_5571135.html,2021年9月26日访问。

着重要的影响。人作为教育对象的同时也是教育的结果。在这一过程中，需要明确的是，义务教育的教材文本是性别文化的载体，是社会主流意识形态展现和传播过程中最无可替代、最为关键的途径之一，是国家教育目标和义务教育标准的具体体现，是国家主流意识形态对年轻一代知识和能力要求的集中体现。因此，教材足以在一定意义上反映民族的性别意识和观念。

目前，我国义务教育教科书中，性别平等教育的缺陷主要体现在以下方面：一是教科书中女性形象太少，不利于正确引导受教育者对女性社会地位、社会作用的正确认识。在教科书中，男性的形象多是积极的和重要的，而女性形象多是从属的和次要的。义务教育教材中女性形象的出现频率远远低于男性形象。例如，在历史教科书中，女性的出现本就寥寥无几，很容易让受教育者得出"历史是男人创造的"这种结论，就连对中国历史上唯一正统女皇帝的描述也仅有"武则天废中宗自立，改称周"等少数几笔。这是中国历史上唯一正统女皇帝，本应获得更加出彩的历史评价。总之，在现行的历史教科书的叙事文本之下，很难让受教育对象相信女性群体在历史上曾经发挥过重要作用。二是性别刻板印象很严重。除了叙事文本上鲜见女性以及女性正面事迹之外，大部分教材上的性别刻板印象也相对严重。性别刻板印象，是指人们对男性或女性在行为、角色和人格特征上的期望与要求的模式化、僵化观念。在义务教育的教材及相应的教辅资料中，女性形象以辅助类的形象出现。即使在专题学习过程中，男性往往也是活动和学习的核心及主要力量的来源，而女性只是学习或活动的助手，这些系统性的刻板印象恐怕连教材的编订者本身也忽视了。教材中的性别陈规与僵化观念反映于诸多文本或图像事实上,比如男孩的形象大多是短发、运动装和淘气有活力的神态,他们的动作大多与智力及体育活动相关,而女孩的形象是乖巧的辫子、裙子等,其动作、神态也大多与家务、胆小、顺从等相关。教科书中的男性形象有很多种,广泛分布在社交、职业、管理和休闲等活动,而女性人物的生活领域则普遍集中在家庭、商场。因此,男性和女性职业之间有很大的差异。此外,书中所体现的男性的职业范围也很广,而女性主要集中在教师、护士和服务员等行业。这种职业分工也间接体现了"男主外,女主内"的传统性别刻板印象。[1] 三是教材中的女性形象缺乏时代感。当前教科书中的女性形象很少,鲜有贴近现实生活的正面女性形象,教材中的女性形象往往较男性少且略显平庸。即便是优秀的女性,也会以其他形象出现而非贴近时代生活,如邓颖超总是以慈爱母亲的形象出现,而宋庆龄等也常以奶奶形象出现。上述事例都体现了传统观念上女性善良、温柔、耐心、顺从以及勤劳的性别特征;而男人则往往是伟大、高尚、谦虚而开放、坚定而固执、有进取心且聪明勇敢的形象。就算在负面的人物形象中,女性负面和男性负面也大不相同:女人吝啬、狭隘、无知且唠叨,而男人骄傲、狡猾、机械、主观等。总之,教材中的男性都表现出男性的主体性和智能性,而女性的原始性和本能性更为突出。此外,教材中经常使用男性通用语言,例如,"妈妈早起打扫卫生,爸爸早起看报"等语句曾经出现在教科书中,强化了妈妈专心做家务的责任;又比如,"他是医生""她是一名护

---

[1] 于伟、胡娇:"我国义务教育阶段中的性别不平等问题研究",载《东北师大学报(哲学社会科学版)》2005年第5期。

士"的描述和插图,无疑是按性别区分职业,而显然,护士被广泛认为是医生的助手。[1]

二、教育性别不平等的消极后果和原因分析

（一）教育性别不平等的消极后果

1. 弱化知识技能,导致女性贫困群体增加

在普及义务教育的过程中,有一个很有力的口号：今天多一位辍学生,明天就会多一户贫困户。然而,由于重男轻女思想的影响,大量辍学的女孩无法接受应有的文化素质教育,她们将成为未来文盲和贫困人群中的主体,更不用说德、智、体、美、劳全面发展了。不言而喻的是,身心发展不平衡,甚至失去自尊和自信,显然都不符合现代的生活方式,更不符合教育公平及更广泛的社会公平。在辍学女孩群体中,由于没有足够的知识和技能来生存,所以她们不能像同龄人一样获得更多的社会、经济、政治和文化资源。为了生存,她们只能通过出售体力劳动和一些简单的服务技能来获得较低的经济回报,如城市里的商场、酒店、保姆、餐饮类市场以及一些需要简单体力劳动的私营企业等,这些岗位主要的"生力军"便是来自贫困农村地区的、未受到充足教育的女性群体。作为此类知识技能、物质资产双贫困群体中的女性,常租住在店主提供的小房子或简陋的集体宿舍里,虽然每月都有收入但是不可能实现对高工资的期望。如此,日复一日,年复一年,直到此类女性迫于家庭或是社会压力结婚。总之,大量的辍学女孩在成年

---

[1] 李新、杨杨、蔺思瑶："教科书中不同性别榜样的特性及启示——基于苏教版小学语文教科书的分析",载《南京晓庄学院学报》2018年第1期。

后，在社会和经济资源、政治资源、文化资源等方面都远不如同等条件的男性。实际上，男性被迫辍学的机会也显著低于女性。因此，就整体经济收入而言，辍学女孩成年后的收入远不如男性，而且她们在妇女群体中也处于最底层，这无疑导致了贫困群体的女性化。

2. 强化刻板印象，不利于女性形成独立自主的完善人格

辍学女孩进入社会后，她们有限的知识使她们只能从事一些服务工作，这将使得她们失去作为社会经济和文化发展参与者的话语权与地位。她们无法获得与那些受过完整、系统教育的人同等的社会资源，也几乎不可能获得她们应得的社会尊重和家庭尊重。由于此类女性在经济和政治上处于弱势地位，故而在可以预见的未来婚姻家庭生活中，她们也很难避免男性主宰女性的性别分工模式，将产生无助感并且更多期望依靠男性来获得相应的经济和权利资源。在婚姻中，辍学女性更容易放弃工作回归家庭，完全依靠男性获得生存的条件，在受制于男方的同时，又再一次巩固了落后性别文化中"嫁汉嫁汉、穿衣吃饭"的意识和"贤妻良母"的刻板印象。这种情况强化了落后性别文化中男尊女卑、男强女弱的性别行为规范，也给平等性别文化的建设带来了负面影响，不利于移风易俗，也不利于倡导性别平等、宣传女性主体意识的先进性别文化的发展。

（二）教育性别不平等的原因分析

1. 制度原因

目前，两性在教育和工作生活方面的平等问题时常引发社会热议。虽然我国宪法和教育类法规、政策均明确规定性别平等，无论男女均平等享有法律规定的受教育权利。但是在具体

实践中，系统性的性别歧视及隐性的性别歧视通常不能直接通过法律来解决，实际上法律也不可能一劳永逸地解决此类社会问题。但是，基础性的法律应当立足于保障教育平等、促进教育公平，避免因立法的缺陷而导致一定程度的性别歧视。当前中国的法律体系中，已经具备了保障受教育权性别平等的整体框架。《宪法》规定，中国公民一律平等，依法享有受教育的权利。同时，《教育法》也规定，受教育者在入学、升学、就业等方面依法享有平等权利。但存在的问题是，我国关于两性受教育权平等的法律还停留在上位法的阶段，缺乏操作性强的法律规定，较难有针对性地解决女性受教育权的具体问题，故而以教育类法律法规处理显性、隐性歧视等教育问题时还存在一些不足。[1]虽然一些地方性法规、规章的制定和实施，对解决当前的男女受教育权不平等问题发挥了一定的作用，但是在受教育权利方面的性别歧视案例中，很少有法律和政策规定能够在较高程度上提供充分的法律依据与实践指导。诚然，社会权利平等一直是一个热点问题，但男女教育权利的深层次平衡才是所有问题的源头与核心。人才的培养，基础在教育。人们越来越要求教育平等，社会也需要消弭性别带来的教育不平等，方能实现两性的均衡发展。而只有完善法律体系、规章制度，建立良好的司法、执法环境，各地教育行政机构才能有法可依，积极有效地保障妇女平等受教育的权利。

2. 社会原因

义务教育属于教育的初始阶段，真正能让教育产生家长所

---

[1]李秀玉、蔡玉洁：“质量可比的教育与居民收入关系的实证分析——基于CGSS数据的研究"，载《统计学报》2020年第6期。

期待的经济效益,是中职、高职以及大学阶段。目前,各地方高校根据各自教育资源的实际情况,制定教育助学、奖学及就业政策。当前的大中专院校专业培养模式依然较为僵化,在提倡学生自主选择专业的同时,学生本人及家长必然也会由于经济原因导致选择方向受限。这一点,在不富裕的家庭中尤为常见。而在社会刻板印象影响下的女性通常被认为可从事"文史哲管"类的工作,而大量的适应于现代社会的、具有相当经济效益的理工专业则很少被女性自主选择,许多此类专业的班级里女生较少甚至根本没有女生。长此以往,在社会因素作用下女生很难进入符合家长经济利益预期的专业,从而形成了一种新的"读书无用论",导致女生辍学。[1] 此外,不少特殊专业领域的招生性别差异制度,也影响了各高校的招生政策,在一定程度上优先录取男生。基于这一情况,女生在填报志愿、规划自己的职业道路时,就自动地将这些特殊专业排除在外。久而久之,就形成了一种固定的发展态势,即性别成为区分职业选择的重要标准,导致女性在选择专业、规划职业时受到相当程度的牵制。就国家层面而言,义务教育是培养合格公民的重要保障;而对于个人和家庭层面,特别是在贫困地区,义务教育本身则被视为一项投资活动,义务教育阶段结束之后的中职、高职及本科教育,则是这项投资活动的延续,因而义务教育之后的教育平等也与义务教育阶段的性别平等紧密相连。因此,高等教育阶段的政策作为指导教育发展的重要因素,如果不能较好地实现性别的形式与实质平等,那么也将直接影响并强化

---

[1] 李秀玉、蔡玉洁:"质量可比的教育与居民收入关系的实证分析——基于CGSS数据的研究",载《统计学报》2020年第6期。

教育领域的性别歧视。在当前的高等教育志愿填报与专业选择政策中，显然存在造就性别歧视、不利于教育平等的负面影响。而教育政策中，没有必要、也不应当将性别作为高等教育入学专业选择的门槛，入学后专业评估的淘汰制度也远比此类限制更公平。取消此类限制，不仅保证了女性受教育权的机会平等，而且可以更好地培养合格人才，保障专业发展，以便廓清社会择业、就业的性别不平等，让人们意识到：一个人在某一领域的发展水平，绝不是由他或她的性别优势决定的，而是由他或她的专业技术能力所决定的，从而增加教育投资的回报率，降低各阶段辍学风险。

教育政策有助于教育的发展，但它不是决定教育发展道路的唯一因素。只有合理引导受教育权的平等，才能营造良好的学术氛围、就业氛围，改变因陈规陋习等定型观念导致的受教育权的性别歧视。教育政策亦应与时俱进地进行评估，对政策目标及其环境发展和构成其发展变化的因素应进行价值判断与效益判断、事实判断，对于以性别划分的招生门槛和职业方向，更应当审慎评估、合理引导。

3. 文化因素

在封建社会中，"男为阳，主外；女为阴，主内"以及"女子无才便是德"等传统陋习、观念使女人不得不从事烦琐的家务劳动，从而剥夺了她们全面发展和参与社会发展的权利。时至今日，虽然有所改善，但受地域文化、经济差异等因素的影响，许多长期处于社会主导地位的男性和长期被压迫的女性在相当程度上并没有完全实现转变，女性依旧缺乏相应的教育，导致在教育或就业过程中因缺乏进取与追求的激情而倾向于服从。而且在大多数领域,男性仍然占据着社会设置的、"应得"的位置,能够控制更优质的社会资源;相反,妇女仍然仅享有片面的男女平等。总之,在公共领域,特别是教育领域的不平等,影响了正确的社会性别意识的形成,不利于宣扬和践行性别平等的社会原则。此外,如果女性在教育方面受到了不平等对待,那么教育的代际传递也会受到限制:当母亲的教育水平较低时,她的子女,特别是女儿,也很难在这种代际传递中成功地完成义务教育。

三、保障教育性别平等的措施

教育阶段的性别平等程度是关系到男女平等能否真正实现的热点及根本性问题。然而,由于历史和现实的原因,我国各教育阶段中均存在性别不平等现象,这既不利于女性群体的发展,也不利于社会整体的健康发展。故而应在教育各阶段,特别是义务教育阶段中采取政策措施保障性别平等。

（一）优化女童受教育的社会环境

一般来说,先进的性别文化涵括了性别意识、观念、道德、理想、追求、价值、标准、审美情趣、社会制度、行为模式、风俗习惯等诸多内容。因此,为了优化女童教育的社会文化环境,应以马克思主义妇女观为指导思想,以两性平等为核心,构建先进的性别文化。我国男女平等这一基本国策已被写入宪法,应当制定具体措施将这一基本国策贯彻实施,并且加大对男女平等这一基本国策的宣传力度,确保各国家机关和社会团体遵守国家法律法规,落实男女平等这一基本国策,消除对妇女的偏见和歧视,增强全社会的性别平等意识,形成性别发展的文明环境，避免重男轻女的传统性别角色定型观念继续加强。大力培养女性"自尊、自信、自立、自强"的精神和主体意识，充分发挥她们的社会主人翁意识。为大学生特别是师范类的大学生开设女性学、性别学等性别教育课程，增加她们的性别知识，以规范她们对性别角色的认知，提高她们的自尊和自信，增强她们的性别平等意识，促进性别文明，进而使得她们在就业时有平等的性别意识，懂得维护自身权利，在择业特别是投身教育事业时能避免性别歧视，自觉保护女孩的受教育权。相应地，在中小学开设性别教育课程，向中小学生宣传性别平等意识，提高女孩的自尊和自信，教育男孩尊重女性，消除落后的性别意识。在加强广播、电视、网络和媒体性别平等意识宣传的同时，要规范宣传行为，消除传统的男尊女卑、大男子主义观念，消除现有不利于女性平等教育的信息内容，倡导尊重女性、男女平等的优良美德，促进社会形成对性别平等的多元化认知。媒体监督机构也应认真筛选、过滤带有性别歧视色彩的作品，形成正确的舆论导向。

此外，也应优化义务教育阶段女童教育的物质环境，包括改善学校硬件设施，如教学设备和住宿条件等。在优化女童教育环境的同时，也可继续优化女童教育的生态环境，如农村地区的公路建设、集小并大等，避免女童因翻山越岭上学而厌学、失学。总之，政府应该增加对妇女教育特别是女童教育的投资，在广袤的西部和农村地区，这一点尤为重要。此外，改革户籍制度、消弭城乡二元差距，也有望减少性别歧视的程度。西部和农村地区深受封建传统观念的影响，但如果此类地区某位母亲的教育水平达到了义务教育水准，那么她子女的教育水平基本上也不会低于此水准，从而会大大减少儿童的性别歧视。因此，国家应该鼓励和支持西部妇女和农村妇女接受教育，发挥教育的代际传递作用。一旦父母具有了一定程度的教育水平，那么将对其子女产生很好的影响，而受过教育——哪怕仅仅是低水平义务教育的父母，其对子女教育的意识、能力和教育投资的认知也会强于未经受教育的群体。在这类教育代际传递中，父母教育对子女的影响主要是通过母亲的教育水平来实现的，故而女性教育尤为重要，"春蕾计划"等社会助学政策皆立足于此。此外，政府应加快城市化进程，促进男女平等，促进社会文明发展，要继续贯彻教育公平的价值理念，通过完善相关政策努力实现教育公平。换句话说，在确保教育中性别平等的同时，我们应该通过"供给侧"改革积极提高各级教育的服务水平和质量[1]，使得贫困家庭能感受到即便是女生也可以"学有所用"，增加其家庭的投资期待，可有效解决当前广泛存在的代际因素造成的受教育权行使中的性别歧视问题。在劳动力市场上，提高教育水平无疑将使妇女更具竞争力，能够更多地参与与男子收入差距较小的部门竞争。

（二）倡导男女平等社会性别意识

自我国宪法和法律中确立男女平等原则以来，我国各级人民政府就一直倡导男女平等的性别意识，并通过报纸、电视台及新媒体机构等做了大量的宣传，但是重男轻女的思想仍然存在。究其原因，中国是一个幅员辽阔、历史悠久的国家，意味着历史惯性常常在社会生活中发挥作用。多年来男尊女卑的

---

[1] 麻宝斌、范琼、杜平："中国现阶段教育政策公平感研究"，载《天津行政学院学报》2016年第3期。

封建思想，使得实现男女平等具有相当程度的挑战性。因此，如何使这种惯性的、男尊女卑的意识得以削弱，并在实践中真正实现男女平等呢？笔者认为，应将社会性别意识纳入决策的主流，将性别平等的概念社会化和一体化，并在社会的各个方面和层面加以落实，以实现性别平等，维护社会公正，促进两性和谐发展。此外，这种性别意识主流化必须与中国的国情相结合，以便能够深入人心并真正实现移风易俗。在实践层面，应允许男女平等意识进入教育决策的主流，并推行在教育政策中消除性别歧视的内容，确定各阶段特别是义务教育阶段的政策优先考虑公平的价值取向，纠正历史上的性别偏见，实现消弭性别偏见，建立平等的良性竞争目标。作为基础的义务教育以及之后的高中、职专教育，目前仍存在一定程度的不平等，故应将实现受教育权男女平等纳入政治、经济决策的目标，并在政策设计和评估中加以实施。通过整合各种制度、措施和手段，为性别平等主流化铺平道路、扫清思想障碍。总之，倡导男女平等的性别意识，可以让女孩在潜意识中获得自尊和自信，进而产生完善的人生追求。久而久之，这种主流化思想可深入社会各领域及各层面，每个人都拥有两性平等意识，免受性别刻板印象的制约。

（三）受教育权的经济保障

相比于男孩，女孩教育遭遇困难的原因是多种多样的，但究其缘由，经济仍然是决定性因素。贫困，是女孩辍学的首要原因。因此，一方面应当大力发展经济，特别是辍学频繁的农村地区的经济，提高当地家庭的经济收入和生活水平，从而促使家长重视知识和教育。在广袤的西部农村地区，国家应继续加大对农业、农村和农民的投入，完善现有"三农"政策，加大对农业和农村经济的支持，推进新农村建设。行稳方能致远，地方政府应继续修复农村公路，改善农村交通条件，在为经济发展铺平道路的同时，也改善了上学路远、路难的现象；还应拓宽增收渠道，促进农村劳动力就地转移，在发展经济的同时减少留守女童数量；在不影响女童留守、求学的情况下，方能支持和引导农村剩余劳动力向发达城市转移；对于城市民工而言，政府也需依法保护农民工在城市的合法权益，完善农民工各项服务特别是子女随迁、随读、随考的政策，促进农村经济、教育、文化的同体发展。[1] 随着农村地区经济的全面发展，农民家庭的生活水平将相应提高，因贫困而辍学的女孩显然会减少。另一方面，要改善国家义务教育经费的短缺和不足——虽然国家在所有义务教育阶段都免除了学生的学费、杂费、书本费等，但由于地区经济差异，贫困农村教育经费延时拨付或者缺乏经费的情况也并不少见，导致教师工资被拖欠、学校维修及建设资金被扣留等。在这一情况下，一些法律意识淡漠、道德素质低下的教育工作者和管理人员，则会以各种借口向学生收费、钻法律漏洞，增加贫困女学生的负担。因此，要落实义务教育的战略地位，各级政府和社会各方面必须从根本上加大对农村义务教育的投入，理顺各方面的资金筹集。如有可能，应实行各级政府义务教育资金共申、共享、共建制度，在上级部门及媒体、公众的有效监督下，确保贫困农村地区义务教育的普惠发展，进而保障高等教育的均衡发展，实现

---

[1] 杜旻："农民工随迁子女教育压力及群体差异"，载《河北学刊》2020年第5期。

男女平等的协调发展。[1]

对于老少边穷地区，中央政府应将其对基础教育的财政编制纳入常态、列入教育财政计划，并以专项资金的形式直接拨付至各县甚至各教学单位，以保证专项资金的到位，防止层层截留。而对于拨付资金的使用，则应完善学校财务制度，加强对学校资金的监督和审计，防止浪费和腐败。在加强扶贫的同时，政府可号召企业及其他组织加大捐资助学、兴学的力度和热情，设立教育基金及奖学金，使得因贫辍学、厌学的家庭也能够完成义务教育。此外，也需改善学校硬件设施、培育高素质教师队伍，开展多样化的教学、优化学校教育的内部环境。在财政紧张的地区，还应注意整顿和清理校舍危房，扩建、维修教学楼及配套建筑，定期检查桌椅、门窗、黑板、实验仪器、体育馆等教室教学设备，以创造舒适、安全的学习环境，以免因校舍原因滋生厌学情绪。在硬件条件建设中，应充分考虑女孩的特殊需要，并改善相应的校园设施。由于并校之后学校多位于乡镇，因而可以开办、改办寄宿学校。前来寄宿的学生可以自带口粮以减少花费，也可以购买学校内加工和提供的平价菜肴。

学校师资队伍的培育和改善也相当重要。领导的管理和决策能力、教师的教学能力、学校的办学模式，均对女童的义务教育和继续教育有着相当大的影响。校长是学校的管理者和决策者，而教师则是学校教育的执行者，二者应当统合行政与教学，在吸引女孩入学、减少女孩辍学方面共担责任。[2] 校长

---

[1] 陈·巴特尔、许伊娜："社会性别视角下中国女子高等教育的发展"，载《中国人民大学教育学刊》2017年第3期。

[2] 马建福、陶瑞："关于解决农村贫困地区女童失学问题的建议"，载《民族教育研究》2007年第1期。

应通过不断提高自身的理论素养和知识素养,特别是性别平等意识,来提高自身的管理水平和决策水平,为义务教育的发展提供一个稳定有序的校园空间。教师也应定期学习、进修以提高自身水平,如参加业务技能培训、到现场观摩学习,通过函授、广播、电视和网络使自身学历合格、能力达标,赢得学生与家长的信任。教育行政部门也应通过举办讲座、公开课、指导备课、讲课、评课、赛课等方式,帮助教师提高教学水平。在一些特殊的乡村学校,还可以通过举办讲座和技能培训,以各种方式教育女孩,使她们能够学有所得、学有所用,从而杜绝狭隘的读书无用论。此外,校长和教师要掌握国家关于女童教育的信息和相关政策措施,对女童的心理发展和特点进行研究,使得教育教学管理更加科学、更加有针对性、更加有效。

（四）促进教育评价体系的平等

目前,大部分地区的教育指标和政绩评比均以升学率为唯一、确定标准,而九年义务教育的唯一作用也愈发显得是为了向高中输送初中毕业生。毫无疑问,以升学率为唯一评价体系是过于单一、狭隘的。在这一情况下,一旦成绩不好,初中毕业生就没有参加高考的希望——中考后就被分流至职高。在升学无望,而职高教育聊胜于无的情况下,学生家长甚至学生自己也会有辍学的想法。这种情况对贫困女孩来说尤其如此,因为诸多社会学调查都指明,由于学习之外的事务与压力更多,故而贫困女孩的成绩往往也更差。更为残酷的是,即使贫困女孩的成绩较好、能够升学,也很难选择一个适当的专业,因为并没有人为其提供指导。因此,建立一个全新的、多元的、性别平等的农村义务教育评价体系显得尤为重要,坚决避免以分数为单一指标所导致的职高教育、职业教育的畸形发展。在教育教学评价体系中，除了分数主导的智力知识评价之外，也应注重评价学生的体育、美育、劳动以及人格发展。比如，许多贫困女孩学习成绩差，但她们经常帮助家人做农活等体力劳动；而一些体育好的女孩可能成绩不好但体力劳动一流，显然劳动技能和劳动品质才是她们的强项，健全的社会也需要这样的精神品质。因此，将德智体美劳共同纳入学业成绩评价具有创新性与时代性，也是体现义务教育性别平等的关键，是对素质教育的最佳诠释。

（五）促进教育结果的平等

首先，政府应该加强性别平等意识，并提高女童教育的预期回报率；其次，要将性别意识纳入主流，将性别平等意识纳入国家决策，使国家重大政策体现性别平等，从宏观角度把握政策的性别平等。此外，我们应该以性别平等来完善终身教育发展体系，有必要建立包括大多数妇女在内的全民终身教育体系，将妇女教育目标纳入国家政策体系和教育发展规划，提高妇女文化素质，缩小男女教育差距。[1]实现教育结果方面的性别平等，有利于保障女童受教育后的权利，从而提高女童早期受教育的预期价值，即便相当短视的家长也不得不考虑辍学带来的预期损失。促进教育结果的平等，还应拓宽妇女参政渠道，提高妇女参政比例，让妇女参与公共事务与国家政治。这不仅可以充分发挥妇女的价值，使其参与社会发展，还可以直接产生榜样力量，提高女性的自尊、自信、自立和自强意识，逐步

---

[1]周娟："论新时期我国女性终身教育途径之构建"，载《长春工业大学学报（高教研究版）》2010年第4期。

实现性别平等。

　　促进教育结果的平等，也要保障妇女享有经济资源的平等机会与权利，这表现为接受教育后择业就业方面的平等。对大多数家庭而言，妇女参与社会发展的核心，是参与经济建设和获取经济资源。只有确保男女拥有同等的社会经济资源和文化资源，才能真正实现女性的教育价值，达成预期的教育投资回报。就具体操作而言，政府可以为接受过义务教育和技能培训，但没有接受过高中教育或大学教育的女性提供就业机会，如开办政府主导、指导的劳务中介等。为保障妇女就业，还应完善国家劳动法律体系，加强执法力度，实现就业性别平等、遏制学无所用的舆论。具体而言，可以通过制定专门的《反就业歧视法》，完善相关配套法律法规，如《就业促进法》《社会保险法》《劳动合同法》《劳动保障监察条例》《就业服务与就业管理规定》等，使相关执法、司法部门在处理相关案件时有法可依；政府监管部门则应定期和不定期对劳动力市场的人员结构、性别结构和工资水平进行监督，对用人单位的就业歧视进行监督，对用人单位的用人机制进行现场检查，注意听取女性劳动者的意见并开辟各种渠道，方便劳动者举报就业歧视，如开通专用电话、及时提供帮助等[1]；发现存在歧视现象时，劳动监察部门应清理和取消用人单位对妇女就业的不合理限制，规范企业行为，避免招聘、薪酬和岗位发展中的性别歧视。利用互联网技术，还应建立企业劳动和就业信用评价体系，促进用人主体自觉守法、劳动者敢于依法维权。一旦用工

---

[1] 王丽芳、朱永新："劳动力市场性别歧视分析及对策思考"，载《中国培训》2007年第8期。

主体存在性别歧视的行为，则必须根据相应的法律进行制裁，以进一步强化雇主的社会责任，改善妇女的就业环境，保障妇女的平等权益，以就业平等促进教育成果的平等，从根本上杜绝"读书无用"的风气。

结　语

义务教育中的性别平等意味着女孩和男孩都不受其年龄、种族、家庭社会地位和经济条件的限制，社会、学校以及家庭，均应在他们教育的起点为他们提供平等的学习机会，并保障他们行使受教育权、完成义务教育。在教育过程中，不仅要保障女孩和男孩有平等的机会享受教育资源，而且应以平等的教育态度对待女孩和男孩；在教育内容上，也应体现性别教育，让学生形成对自然性别和社会性别的清晰认识；就教育成果而言，女性和男性受教育者都应获得与其自身特征一致的发展水平，并且在就业过程中不受歧视，真正获得公平的发展机会。

女性参与公共事务管理的困境与对策分析

随着工业化进程的不断加速和人文思想的不断繁荣，女性群体开始参与新的社会分工，并在现代社会生活和生产中发挥重要作用。到目前为止，促进妇女参与公共事务管理、消弭性别歧视、提升社会公平已然成为学界的共识。妇女参与公共事务管理，可以在很大程度上反映社会男女平等的状态，而妇女在公共事务管理中是否有足够的发言权，也是衡量一个国家妇女地位和文明程度的重要指标。改变妇女社会地位的关键在于提高她们在社会分工中的地位。笔者拟从性别视角阐释女性参与公共事务管理的历史渊源、发展现状和存在的症结，试图全面把握当下中国女性参与公共事务管理的现状，分析女性参政议政所面临的问题，探究其发展不足的内在原因，并提出解决问题的策略，以期对推动男女平等、实现社会公平有所助益。

一、女性参与公共事务管理的研究背景与发展历程

（一）女性参与公共事务管理的研究背景

世界经济论坛每年发布《全球性别差距报告》，此报告的调查指标主要包括女性的经济状况、政治权利、健康状况和受教育程度四个方面。显然，女性参与公共事务管理也属于该报告的一个重要研究领域。2017年末，世界经济论坛在日内瓦举

行，该年份《全球性别差距报告》显示：全球性别差距已消除68%，略低于2016年和2015年的68.3%和68.1%。与此报告相类似的是，2015年，联合国绘制女性"政治地图"，旨在展示当时世界各地女性的政治地位和公共事务管理参与情况。从展示结果来看，女性参与公共事务管理的数量有所增加，但发展极为缓慢，且地区、国家间差距较大。目前，女性参与公共事务管理率高的地区是美洲、欧洲和非洲。就各国发展差异而言，芬兰女性的参与情况最高，在该国政府中女部长占62.5%。就我国而言，全国人大代表中女性代表约占23.6%，女性参与公共事务管理的整体性评价，在世界排名第54位，处于中等靠前位置。但就性别平等总体排名来看，自2011年排名第69位，至2017年排名第100位，排名下降明显。[1]

  妇女参与公共事务管理的能力、程度发展缓慢，将严重制约社会的公平发展、包容发展以及多元化发展。在传统性别观念的影响下，女性在参与社会生活特别是从事与政治相关的公共事务管理的过程中不可避免地被"玻璃天花板"所禁锢。许多公众舆论会指责女性由于自身的性别劣势而不能胜任工作，更遑论女性公平升职了。因此，要改变妇女的社会地位，使妇女能够积极参与社会公共决策，在公共事务管理领域大放异彩，首先应当改变对性别关系的认识。这一过程一方面需要国家政策、法律和法规的支持与引导，另一方面需要整个社会群

---

[1]《全球性别差距报告》将各种指标转化成女性/男性比例。例如，假设一个国家的部长级职位中女性占20%，则这项指标值为20/80。文中数据来自《全球性别差距报告2017》，载http://reports.weforum.org/global-gender-gap-report-2017/2Sluggish progressonwomeninpolitics will hamper development.Inter-Parliamentary Union[EB].http://archive.ipu.org/press-e/pressrelease201503101.htm，2021年10月20日访问。

体意识的转变和妇女自身能力的提高。

（二）女性参与公共事务管理的研究发展历程

当代中国妇女的社会地位得到了极大的提高。中国女性整体上基本摆脱了"三从四德"等封建思想的桎梏。尽管"男尊女卑"的落后思想仍有一定规模，但女性已然逐渐融入社会经济生产和精神文明建设的潮流中。

中华人民共和国成立后，特别是20世纪80年代以来，有许多关于保护妇女权益的政策和法律，特别是《妇女权益保障法》和《中国妇女发展纲要》的出台，为女性参与社会公共事务管理带来了新的飞跃。在争取女性政治权利的层面，对于女性参与公共事务管理的研究也取得了很大进展。1988年，《中国妇女报》开设了10期主题为"妇女参政对话"的专刊，对当代中国妇女缺乏参与公共事务管理和决策执行的问题进行了公开研究。1995年在北京召开了联合国第四届世界妇女大会，并发表了《北京宣言》，标志着中国妇女参与公共事务管理的进程进入了一个新的阶段。[1]

二、女性参与公共事务管理的理论概述

（一）马克思主义女权观念与女性参与公共事务管理

20世纪60年代，随着妇女解放运动的发展，女权主义者也在探索妇女受压迫的根源，寻找解放的道路。许多女权主义者以马克思主义女性观和社会主义妇女观为理论支柱，不仅强调

---

[1] 彭珮云："关于联合国第四次世界妇女大会和非政府组织妇女论坛情况的报告（摘要）——1995年12月26日在第八届全国人民代表大会常务委员会第十七次会议上"，载《中华人民共和国全国人民代表大会常务委员会公报》1995年第8期。

两性间经济地位的不平等，还强调社会中存在着大量的非经济压迫。[1]马克思主义女权主义者主要关注公共领域的工厂劳动，以及其他经济生活中的女性工资收入情况；而侧重于社会学的女权主义者则更关注女性的家务劳动及男性压迫状态。马克思主义女权主义者认为，不平等的性别制度是女性受压迫的集中表现。与生理性别不同，社会性别观念的形成受制于社会经济结构和相应的社会存在，女性所展现的社会性别特征是被男性社会长期塑造的结果，也是在社会制度发展的过程中被逐渐建构起来的。妇女在各种社会关系中扮演着不同的角色，并承受社会要求的温柔和美德，在公共领域的一举一动都被仔细审视，潜移默化地形成了女性应有的"女性气质"，并逐渐主动或被动地接受了自身所处的辅助状态，承认自己不具备所谓的领导与决策能力。

（二）中国社会性别观念的演变

性别社会学理论强调社会在建构女性意识中的作用：女性在参与公共事务管理中的受歧视地位，是由阶级、种族、年龄、受教育程度等多种社会因素造成的。[2]

在中国社会发展的各个阶段，性别概念也被赋予了不同的历史意义。中国传统社会注重男女礼仪，注重男女之间的差异，正所谓君为臣纲、夫为妻纲。虽然受孝文化的影响，女性在家中可能是地位较高的母亲，但她们依然会被要求应该遵从"三从四德"和各种封建礼教的风俗习惯。新文化运动后，

---

[1] 董礼："从《第二性》看萨特对波伏娃的影响"，载《潍坊学院学报》2014年第4期。

[2] 苏熠慧、王雅静："世妇会20年：性别社会学研究的回顾与展望——'2015年社会学年会'性别社会学分论坛综述"，载《妇女研究论丛》2015年第5期。

妇女问题也被认为是社会革命应当解决的一部分，推行性别平等、消弭性别歧视，让女性参与到公共事务管理中来，行使参政议政的权利成为社会进步人士的广泛共识。

中华人民共和国成立后，中国的妇女问题在社会建设过程中逐渐引起人们的关注。妇女权利被视为社会主义建设事业的一部分。国家制定法律法规保护妇女的政治、经济和生活权利，鼓励妇女参与生产实践，"妇女能顶半边天"成为那个年代的口号。改革开放后，随着社会主义市场经济体制的建立和发展，"男女平等"已经成为社会普遍接受的价值观。2016年起，国家生育政策的逐渐放宽为妇女社会地位的提高带来新的契机。时至今日，我国社会的城市化进程正在加速，两性的社会身份正在逐渐被界定和重构。女性择业就业、女性教育和女性参与政治的概念在一定程度上发生了变化，许多女性不必再坚持固有的女性工作和生活观念，在许多岗位上均能胜任，形成了蔚为可观的社会力量。总而言之，中国妇女在政治和社会中的地位在不断提高。

三、女性参与公共事务管理的现状与困境

（一）女性参与公共事务管理的发展现状

改革开放之后，特别是进入21世纪以来，我国女性在参与公共事务管理等政治活动的过程中取得了巨大的进步。自1990年以来，中华全国妇女联合会和国家统计局每十年对中国妇女的社会地位进行一次调查，涉及教育、政治、就业、法律法规等多个方面，旨在客观、全面地反映当代社会中女性参与公共事务管理、行使政治权利的状况。一项2011年的数据报告显示，只有2.2%的女性身处"体制内"（即国家机关、各级党组

织、企事业单位）工作，且处于相应领导岗位的数量仅有男性的一半左右；而技术单位的高级人才岗则更甚之，有80.5%为男性，女性占比不足20%；统计显示，92.9%的女性关注"国内外重大问题"，54.1%的女性至少行使过一种民主监督行为，18.3%的女性主动向所在单位、社区和村提出过建议。根据2017年的数据，83.6%的农村女性参加过村委会选举，真实选票占70.4%。[1]从以上数据可以看出，我国女性在民主选举、民主监督和民主管理方面的表现以及她们参与公共事务管理等政治实践的热情都是相对积极的。近年来，越来越多的妇女也开始关注国内外政治问题、关注农村或社区治理。

值得注意的是，在基层公共事务的管理实践中，很多场合中的妇女反而有更高的发言权，其建议也更有效，且更容易得到执行。国家统计局发布的2019年《〈中国妇女发展纲要（2011—2020年）〉统计监测报告》指出，中国女性参与公共事务的比例有了很大提高，主要表现在以下三个方面：一是全国人大代表、全国政协委员中女性比例提高。第十三届全国人大有女性代表742人，占代表总数的24.9%，比上届提高了1.5%，是历届全国人民代表大会中女性代表占比最高的一次；第十三届全国政协委员中，女性委员440人，占总数的20.4%，比上届提高2.6%，同样是全国政协委员中女性委员占比最高的一次。二是女性参与企业管理的比例也在增加。2019年，女性董事占公司董事会成员的33.4%、女性监事占公司监事会成员的36.4%，比2010年分别提高了0.7%和1.2%；企业职工代表中，

---

[1] 张晓利、林美卿："我国女性政治参与的现状、问题与对策"，载《安庆师范学院学报（社会科学版）》2014年第2期。

女性代表在大会中的比例为29.7%，高于上一年0.9%。三是女性更加广泛地参与基层民主管理。2019年，全国各地村民委员会主任中女性占11.9%，已经达到《中国妇女发展纲要（2011—2020年）》提出的"10%以上"的占比目标；女性在居民委员会成员中占比达到50.9%，实现了纲要提出的占比"50%左右"的目标。[1]

不难看出，妇女参与公共事务管理的意愿和责任感正在增强，所占的席位也在增多。但总体而言，比例仍然徘徊在30%左右，距离性别实质平等仍有一段距离。

（二）女性参与公共事务管理面临的困境

1. 性别观念仍然存在偏见

由于历史惯性的存在，中国许多传统的习俗、观念仍然影响着当代女性的社会地位。在一些偏远地区或基层部门，依然存在着性别歧视，这显然限制了妇女在社会和政治领域的活动。在以小农经济为主的中国传统社会中，男女分工存在明显差异，以"三纲五常""三从四德"等为道德标准和伦理规范，即传统社会中女性深受父权制的支配，逐渐形成了男性是社会公共事务的主要参与者，而女性负责家庭事务的根深蒂固的观念。民谚"男主外，女主内"至今仍有很大市场，而不少人甚至包括女性本身也认为，她们的主要使命是照顾好孩子和家庭。尽管在现代社会越来越多的女性追求权利平等，关注就业、劳动、选举等一系列权利内容，但在许多场合特别是在政治领域，整体的舆论基调仍在很大程度上认为女性参与者不如

---

[1] 国家统计局：《2019年〈中国妇女发展纲要（2011—2020年）〉统计监测报告》，载http://www.stats.gov.cn/tjsj/zxfb/202012/t20201218_1810126.html，2021年10月21日访问。

男性有能力，性别观念仍然存在偏见。

2. 实践经验积累不足

根据《宪法》规定，年满18周岁的公民，不区分性别、社会地位，都享有平等的选举权和被选举权。选举权的行使是公民参与政治的重要环节。根据2015年政府参与报告的统计，男女参与选举活动的比例分别为77.6%和73.4%。[1]近年来，妇女参与基层选举、参与公共事务管理的人数有所提高，但从整体来看，公共事务管理中女性的参与度仍然较低。长此以往，政策制定、决策咨询中的女性主体占比就会较少，在公共事务的实际管理中女性就难以获得足够的经验，导致实践经验积累不足。

四、女性参与公共事务管理困境的原因分析

中国女性缺乏公共事务管理参与是由多种因素造成的，如性别偏见、平等政策执行不强以及女性参政经验缺乏等。

（一）历史惯性下的性别不平等

中国传统社会的文化惯性仍然影响着女性参与公共事务，这使得人们普遍认为男性的社会责任应该大于女性，这种心态必然会限制女性参与公共事务治理的积极性。此外，在当前的婚姻家庭观念中，女性参与公共事务时，被要求必须妥善处理家庭角色和社会角色之间的冲突，而男性则较少受此类问题困扰。在实践中，女性干部在晋升时遇到的偏见并不少见，女性干部的选拔任用标准也模糊不清，仅有纲领性的规定，如在选

---

[1] 史卫民、王艳：" 2015年不同性别公民的县级人大代表选举参与比较"，载房宁主编：《中国政治参与报告（2015）》，社会科学文献出版社 2015年版，第41页。

拔和考核干部时，要综合考虑其专业技能、领导水平和政治素养。而在女性干部的发展和提升过程中，不少地方存在着与男性干部成长完全相反的隐性因素，这些因素对政府机构中的女性的发展有着重要影响。

除此之外，由于缺乏完善的选拔和监督女性干部的机制，导致在社会上对女性干部的任命和晋升往往存在偏见，女性官员通常被关注的不是职务，而是其外貌。近年来，许多女性干部不是因为杰出的成就和能力，而是因为年轻和美丽等表面因素引发媒体和公众关注。毋庸置疑，相比于男性干部，女性干部更容易成为公众讨论的对象，但讨论的主题往往局限于外貌，很少有人关注女性官员的成就。在男尊女卑、男强女弱、重男轻女的历史惯性下，不少公众除了对女性干部晋升背景的质疑外，对女性的政治能力也存在一定的误解。

（二）男女平等与女性权益保障的政策法规操作性不强

2010年，中央国家机关工作委员会进行了对部门内女性领导干部晋升成长的研究，该研究发现了女性干部任命方面的一系列问题，即女性干部的职位往往不是部门或单位的主要职位，且在所处岗位重要性方面，女性干部通常不如男性干部，女性干部职务的实际权力也相对有限。此外，在女性干部的选拔任用中，有一个较为隐形的规则：男女进入科室或部门的年龄基本相同，虽然女性晋升到该部门中层领导的年龄稍早于男性，年龄基本集中在24岁至26岁，而男性晋升到中层的年龄主要集中在26岁至28岁。但后期的职务晋升中，男性晋升年龄集中在32岁至34岁，而女性则集中在35岁至40岁。而且就统计数据来看，女性担任中级和副职的频率较高，但成为高级干部的比例则较低。[1]尽管近年来中央和地方政府对女性干部的选拔任用给予了一定程度的重视，女性干部在公共事务管理中的地位逐步提高，但就实际情况而言，相关机制的僵化仍然极大地影响着女性参与公共事务管理。作为党和政府与妇女之间的重要纽带，中华全国妇女联合会（妇联）在许多方面代表了中国妇女的最大利益。但在实践中，各级政府中由妇联直接提拔的女性干部并不多。此外，政府部门中的女性干部往往处于次要地位，流动性差，从而导致领导能力难以得到锻炼，工作目标也比较狭窄。此外，在中国从事基层工作的女性领导干部的待遇仍然值得关注，在一些农村地区，有相当数量的女性干部甚至依靠兼任职其他职位来获得工资。

当前，我国女性干部的选拔标准是按照《党政领导干部选拔任用工作条例》的规定进行的，这在一定程度上会使干部选拔培训相对狭窄和单一，导致女性干部任用的僵化，未能充分考虑和发挥女性自身特性以及能力、优势。通过对《党政领导干部选拔任用工作条例》进行文本解读，可以发现，许多条款并没有考虑到女性的生育因素以及其他的特殊生理因素，而该条例的制定主体本身也是男性居多，往往不自觉地以男性的生理和成长规律作为其参照标准，故而女性的职业发展自然会落后于男性。有鉴于此，出台符合女性干部身心发展规律的培养、选拔、任用的政策办法极有必要。

---

[1] 谈宜彦、王玉玲："机关女干部成长规律调查"，载《决策》2011年第8期。

（三）女性受教育程度与基层经验积累存在短板

公民的受教育程度对其行使政治权利的意愿有一定的影响，如果女性没有得到适当的文化教育，那么社会上的强势观念将不可避免地影响她们的价值观和参与公共事务管理的意愿。就当前的城乡教育水平而言，中国同等教育水平下的城市人口普遍高于农村人口，而城市男女的教育水平又分别高于农村男女。就性别而言，无论是城市男性或农村男性，其平均受教育水平均高于同一环境的女性。从年龄上看，从18岁至64岁，每5岁分为一个检查阶段，城乡男女的受教育年限普遍呈下降趋势。18岁至64岁女性的平均受教育年限为8.8年，其中城市女性为10.1年，而农村女性为7.1年。年轻女性的受教育年限明显高于中年和老年女性。在农村女性受教育者中，大专以上文化程度的占14.3%，高中以上文化程度的占33.7%。在城市女性中，大专以上文化程度的占25.7%，高中以上文化程度的占54.2%。[1]必须正视的是，尽管目前我国已基本实现了义务教育中的性别平等，但随着时代变化与社会发展，参与公共事务管理的教育仍略显不足。即使是知识女性也难以在公共事务管理中享有充分的发言权，故而女性参与公共事务管理的总体影响相对较低。除了女性公民的教育状况之外，参与公共事务管理的女性官员的培训也存在问题，女性干部的组织培训、轮换交流、自我总结相比男性干部而言也较少，且大多数女性干部都较为缺乏实质的基层经历，这些问题导致女性干部参与政治事务的机会有限。

---

[1]第三期中国妇女社会地位调查课题组："第三期中国妇女社会地位调查主要数据报告"，载《妇女研究论丛》2011年第6期。

五、女性参与公共事务管理的解决之道

（一）切实推进男女平等性别观念

1. 改印象——改变社会性别刻板印象

在历史因素和现实原因的共同作用下，社会舆论普遍认为，女性参与政治的能力低于男性，因为女性从小就被教导要"淑女"和"听话"，而男性往往被鼓励"创造自己的未来"和"具备竞争意识"。这些观念会影响并改变女性的个性意识，也会影响她们参与公共事务管理的积极性。因此，改变妇女参政水平的关键是重新塑造妇女的社会性别特征，改变固有的"女孩应该做什么"的思维。在基础教育阶段，女孩应接受相对合理、平等的性别教育，增强女性自身主体意识。在实践中，还可以引导妇女从事更具竞争性的活动，使妇女不再坚持对人际关系的依赖，改变注重感性感受及服从的传统；也可以通过系统培训开展相关教育，增强妇女竞争意识、平等意识，并对男性干部及政策制定者加以宣传，以改变社会的性别刻板印象。

2. 强主体——强化女性公民意识

公共事务管理是一项复杂的社会政治活动，公民需要有意识地运用相应的程序来影响政治进程，实现其对公共事务管理的参与。因此，整个社会应该鼓励妇女作为独立和平等的群体，以自己的方式参与公共事务管理及政治生活。在这一过程中，女性应从注重自身利益出发而不再被视为社会和家庭的附庸。值得注意的是，只有女性公民更有效地参与政治实践，才能逐渐形成良性循环。对于家庭和社会工作间的两难兼顾，有必要建立家务劳动相互协商、共同分担的制度，减轻女性家庭

负担使之能够进入社会进行生产和创造,从而获得更多参与政治的机会。在宣传层面,还应开展妇女参与政治生活的宣传,以创造一个女性参与者不比男性参与者差的社会环境,使女性的公民意识得以强化,并在社会建设中发挥积极作用。

(二)政策法规的合理化与精细化

1. 明晰女性干部的选用机制

随着科学技术的飞速发展,信息传播的速度和公开透明程度为公民参与民主决策提供了更多的途径。而新媒体日新月异的高曝光率,也使得干部的选拔和晋升与社会关注和社会舆论产生更为密切的关联。因此,无论是从程序公正还是从实践效果考虑,都对干部选拔过程的公平、公正和透明度有较高要求。在女性干部的选拔和培训方面,可以指定有关部门制定出关于女性干部考核、任用、选拔、培训的机制,使得女性干部能获得各尽所能、各尽其才的职位和任务。此外,在制定相应的规章制度时,应广泛吸收女性干部的建议,增强选拔任用机制的可行性和可操作性,避免出现模棱两可或是忽视女性干部群体特性的情况。

2. 规范立法、政策与法律实施

不完善的制度和政策环境是阻碍女性个性和领导力发展的关键因素,故而应首先完善相关立法,建立起保障妇女参与公共决策的政策、法律环境。例如,量化女性的权力参与比例,即女性在领导岗位、主要领导职务中所占比例;明确规定各级人大代表中的性别比例,目前可参照世界女性参政发展较好国家的有益经验,并结合中国国情,设定各级人大代表中的女性比例不低于30%。其次,也应确保法律、政策规定明确、清晰、操作性强。改变现有法律、政策中关于"适当比例""适当名额"的含混规定，应当更为具体、明确，只有明确的规范才能确保政府中女性干部的比例，保证参与政治生活的女性干部的数量不断增加，使她们感到自身有责任、有义务、有底气参与政治生活。此外，行政机关应该加大对性别歧视行为的扼制力度，并落实关于女性权益的各项法律规范，切实保障女性利益、维护性别平等。

（三）切实提高女性参与公共事务管理的综合素质

文化水平是公民参政的重要基础，缺乏文化和教育是影响妇女参与政治生活的严重障碍之一，而义务教育是提高文化素养最坚实有效的途径。值得一提的是，除了女性本身的受教育水平会影响到其参与公共事务管理的观念之外，整个社会的公民教育水平显著提高时，妇女参与公共事务管理的水平也会同态上升，且相较于公民受教育程度较低的社会会拥有更积极的态度。当前，女性受教育程度总体上仍略低于男性，这极大地影响了女性的各项素质，使其在现代化参政议政工作的开展过程中颇为不便。为了改变现状，应大力发展文化教育，引导女性群体提高个人技能和能力水平，扩大妇女参政议政的范围。可以预见，随着女性知识分子的增加、女性受教育水平的上升，女性的就业水平也会提高，这将使她们有更深的政治责任感和社会认同感，最终会支持、鼓励、引导更多的女性参与政治生活，打破女性职业生涯的界限。因此，在义务教育的基础上加强妇女在各个阶段的教育，可以有效地纠正性别不平等的观念，增强妇女参与公共事务管理的意愿和能力。

结　语

随着经济社会的进一步发展，性别平等的观念深入人心，女性在进行公共事务管理时所面临的来自家庭、社会的压力也会得到很大缓解。在当前的公共事务管理中，女性群体始终存在着参与意愿不高、参与能力不强的问题。究其原因，一方面是历史惯性带来的性别不平等观念，另一方面是相关制度尚不完善与女性自身的主体意识缺乏。笔者结合工作实际与相关理论，回溯女权主义对女性参与公共事务管理的影响，理实结合地分析女性在政治生活中的现状和存在的症结，并对存在的问题予以分析和解决，以期对推动男女平等、实现社会公平有所助益。希望在不久的将来，女性能够完成自身主体意识的强化，拥有较强的公共事务管理能力，积极参政议政，促进我国社会主义性别平等事业的健康协调发展，进而实现文化的繁荣和谐及社会的长治久安。

我国法律框架下男女平等研究
woguo falü kuangjia xia nannü pingdeng yanjiu

第四章　男女平等的法律救济

《妇女权益保障法》的文本分析与立法启示

《妇女权益保障法》于1992年施行,其立法初衷在于保障女性的基本权益,实现男女平等。它不仅仅是中国人权法律保障体系的重要一环,更是中国数十年妇女运动的重要成果和智慧结晶。该法于2005年和2018年进行了两次修正。该法以男女平等的宪法原则为核心,对女性的政治、文化、教育、劳动、财产、人身六项基本权益给予明确和保障。面对社会中出现的新情况、新问题,如何发挥《妇女权益保障法》的功能,将文本中的女性权利转化为现实生活中的权利?笔者从文本解读及法律实施效果入手,梳理该法的立法特点与不足,并提出进一步完善的建议。

一、《妇女权益保障法》的立法历程

(一)《妇女权益保障法》的立法背景

《消除对妇女一切形式歧视公约》(以下简称《妇女公约》)的签署,是我国《妇女权益保障法》颁布的重要背景。该公约于1979年末由联合国大会通过。中国于次年7月对该公约进行了签署。签署后,我国在原有尊重和保护妇女的各项法律和政策的基础上,为进一步明确和保护妇女的各项权益,颁布了一系列的相关法律和法规，其中《妇女权益保障法》无疑是最具代表性的法律。

维护妇女的基本权益，提高妇女的社会和法律地位，实现男女平等，不仅受到了党和国家的高度重视，更是吸引了广大妇女的密切关注。1984年，中共中央召开专门会议，提出了"维护妇女儿童合法权益"的口号，及时明确了新时期妇女工作的方针与任务。其中要求，无论是中央还是地方各级妇女组织、工会以及其他的社会组织，都应当设置相应的法律咨询机构，为妇女受害者提供适当的法律咨询和援助。同时，提倡各地方人民代表大会制定出台关于保障妇女和儿童权益的地方性法规和条例，以便为制定保护妇女权益的国家法律做准备。1987年以来，制定具有中国特色的社会主义妇女权益保障法的议案被提上了议程，该法案一经全国人大代表提出，便受到了全国人大常委会的重视。随后，1989年由全国人大常委会内部司法委员会开始着手研究和拟定，同年5月开始起草工作。经过了长期的调研和慎重研究，最终于三年后起草完毕，并提交全国人大常委会审议。1992年4月，《妇女权益保障法》由第七届全国人民代表大会第五次会议审议并通过，并宣布于同年10月1日正式生效。该法首次全面地涉及了妇女权益保护，是新中国首部明确和保护妇女权益的基本法。[1]

全法由9个章节构成，总共54条。其中，第一章为总则，明确规定了立法依据、立法原则、责任归属和协调机构等问题。从第二章到第七章，则分别从政治、文化、教育、劳动和社会

---

[1] 杨慧："新中国成立以来我国促进妇女就业的法律政策进展"，载《中国妇运》2019年第8期。

保障、财产、人身和婚姻家庭这几个方面对妇女的权利作出了规定。第八章则规定了侵犯妇女权益所要承担的法律责任。第九章为附则。《妇女权益保障法》是以保障妇女权益，促进男女平等，充分发挥妇女在社会主义建设中的作用为根本目的的基本法，是我国第一部专门保护妇女权益的法律，标志着我国民主与法制建设的进一步完善和发展，是中国妇女事业发展中的一个重要的里程碑。

（二）《妇女权益保障法》的历次修正

《妇女权益保障法》自1992年颁布以来，在妇女保护工作方面多有建树，为明确和保护妇女权益提供了可靠的法律依据和支持，为提高妇女社会地位，促进男女平等的进一步实现作出了巨大贡献。但是，随着21世纪国家经济文化的发展和变化，社会上出现了一些新的问题，而此时《妇女权益保障法》已很难再适应新时代妇女权益保护工作的要求，法律的修正开始被提上议程。对《妇女权益保障法》进行修正，应当以中国社会的具体国情为事实依据，以宪法为基本法律依据，以尊重和保护妇女人权为基本思路，有针对性地对出现的新情况和新问题进行分析，采取有效措施，以保障妇女权益。

1.2005年修正

本次修订的主要成果表现在三个方面：其一，明确禁止对妇女实施性骚扰。一旦妇女遭到性骚扰侵害，受害者有权向有关部门进行投诉，这是我国首次以法律形式反对性骚扰行为。其二，将实行男女平等这一基本国策内容上升为法律，并在各具体规定上予以贯彻。具体而言，在学校招生方面，除了一些具有特殊要求的专业以外，学校不得刻意提高对女性的录取标准,更不得拒绝录取女性学生入学。在退休规定方面,各单位也不得对女性退休进行差别对待。其三,加强对妇女人身权利的保护,禁止家庭暴力。一方面,增加严格禁止组织、强迫或者引诱妇女进行淫秽表演的规定;另一方面,明确禁止家庭暴力。对待家庭暴力问题,民政部门、公安部门以及司法部门等都应当承担相应的责任,对家庭暴力行为予以防范和制止,同时为遭受家庭暴力的女性提供帮助。[1]

2. 2018年修正

本次修正主要是对条文文本进行修改,即用"广播电视、电影"替换第59条中的"广播电影电视",此处便不多赘述。[2]

二、《妇女权益保障法》主要内容评述

(一)总则的主要内容评述

《妇女权益保障法》的第一章是总则,共8条,起着提要钩玄的重要作用。在总则中明确了该法的立法宗旨,即保护妇女的合法权益,推动社会男女平等,充分发挥妇女在社会主义现代化建设中的作用。[3]

(二)分则与附则的主要内容评述

《妇女权益保障法》的第二章至第八章(含第八章),共50条,对保障妇女权益的办法、奖惩措施、法律制度来源等作

---

[1] 2005年8月28日第十届全国人民代表大会常务委员会第十七次会议《关于修改〈中华人民共和国妇女权益保障法〉的决定》。

[2] 2018年10月26日第十三届全国人民代表大会常务委员会第六次会议《关于修改〈中华人民共和国野生动物保护法〉等十五部法律的决定》。

[3] 赵虹君:"中美妇女权益保障法比较研究",载《"全球化与人的发展"国际学术研讨会论文集》,2005年,第221页。

了详细规定。

1. 确保妇女享有与男性平等的政治权利

具体而言，根据该法规定，妇女享有与男子平等的管理权、选举权和被选举权，妇女联合会享有民主监督权。这些规定落实了妇女平等的政治权利的内容。

2. 确保妇女享有更多切实可行的文化教育权利

其具体包括：其一，妇女拥有与男性平等的入学、接受继续教育、学位授予等权利；其二，需要针对女学生的生理和心理特点，从教育、管理等多个层面制定相应的措施，以达到保障女性青少年身心健康的目的；其三，严格督促监护人履行法定义务，保障达到入学年龄的女性儿童能够获得义务教育；其四，切实推行妇女扫盲和继续教育工作，同时为女性劳动者提供劳动技能培训和职业教育；其五，保障妇女拥有平等的参与科技文艺活动的权利。

3. 保障妇女在劳动、就业中享有更加全面的权益

具体包括：其一，不得拒绝或以提高就业门槛的方式阻止女性就业；其二，女性应拥有与男性同等的享有社会福利待遇的权利；其三，妇女应拥有与男性同等的职业晋升机会，不得以性别为由进行歧视；其四，应当对处于经期、孕期、分娩期以及哺乳期的女性提供专门保障。

4. 对妇女的财产权益进行保障

其一，在婚姻与继承方面，女性不应当受到任何形式的歧视。一方面，不得侵犯女性在夫妻共同财产方面的权益；另一方面，女性与男性应当拥有同等的继承顺序。其二，在土地分配和宅基地建设方面对妇女的合法权益予以保护，使其与男性

拥有平等的权利。其三，对丧偶妇女的继承权予以保护，使其不受子女代位继承的影响。

5. 明确强调男女拥有平等的个人权利

如在妇女的人身自由方面，规定禁止剥夺或限制妇女的人身自由；未经法律允许，禁止对妇女身体进行搜查；在妇女的生命健康权方面，它对处于不同情况下的女性，如女孩、生育女孩的妇女、不孕妇女和老年妇女等，均提出了全面且明确的保护。此外，该法还保护了妇女的肖像权、名誉权、人格权以及隐私权等，并对拐卖、绑架、强迫卖淫等严重侵害妇女权益的行为予以禁止和严厉处罚。

6. 对婚姻法律中涉及女性权益保护的一些规定进行了细化

例如，该法中规定，男性在妇女停止妊娠后6个月内不得主动申请离婚。对比同时期《婚姻法》"在妇女分娩后一年内男性不允许主动申请离婚"的规定，作出了进一步细化。在2001年《婚姻法》的修正中吸收了《妇女权益保障法》的相关内容，对该条款进行丰富和完善。该法还规定，妇女具有生育自由。这是中国首次以法律形式赋予妇女生育权。这一规定的精神为以后制定《人口与计划生育法》，规范相关问题提供了很好的借鉴。

《妇女权益保障法》的附则为第九章，共有2条。第一条主要是规定各地区在当前法律框架下，因地制宜、因俗制宜制定相应实施办法；第二条则是规定该法施行日期。两者皆属于立法权限与程序范畴，因此此处不做讨论。

三、文本分析——《妇女权益保障法》的立法特点与不足

（一）《妇女权益保障法》的立法特点

《妇女权益保障法》与我国其他法律相比，其立法特点要更为鲜明。该法为保护妇女权益而专门制定，兼具有专门性和综合性的特征。

与国内其他部门法和政策性文件相比，《妇女权益保障法》具有综合性强、覆盖面广的特点。以保障妇女劳动权利为例，1995年实施的《劳动法》第12条明确规定妇女不应因性别差异而受到歧视。同年实施的《中国妇女发展纲要》也提出，应保障妇女不受性别歧视的影响，获得与男性同等的就业权利。2008年施行的《就业促进法》也对这一点作出了进一步明确。1988年，国务院发布了《女职工劳动保护规定》，2012年《女职工劳动保护特别规定》正式施行，比照之前的《女职工劳动保护规定》更具体详细地规定了对妇女平等就业权的保护。上述政策和法律规范分布在不同的法律文件中，由不同的立法主体制定，各有偏重，内容比较松散，不利于引用、实施和检验。为了改变这一现状，《妇女权益保障法》单列"劳动权利"一章，将上面所涉及的一系列权利内容集中在一处进行阐述。另外，《妇女权益保障法》还对妇女的政治、文化、婚姻家庭权利等进行了明确且全面的规定。2005年修正的《妇女权益保障法》更进一步地将男女平等这一基本国策纳入其中。目前，我国已经制定了包括《民法典》尤其是"继承编""婚姻家庭编"，以及《母婴保健法》《反家庭暴力法》《女职工劳动保护特别规定》《女职工禁忌劳动范围的规定》等一系列法律法规，建立起保障妇女权益的法律体系。作为专门性法律的《妇

女权益保障法》以男女平等原则为出发点，在保障妇女基本权益的基础上，对妇女的人格和尊严给予了充分地尊重和保护，并将促进妇女实现自由全面发展作为最终目标，是当代社会公平正义精神的显著表现。

与相关国际立法（以美国和日本为例）相比，我国妇女权益保障具有立法起步早、进步快、针对性强的特点。早在中华人民共和国成立初期，毛泽东主席便签发了《婚姻法》，对妇女的婚姻自主权进行了明确规定，并突破性地提出了"妇女能顶半边天"的口号，作为中华人民共和国妇女工作的重要指导原则。相比之下，日本直到20世纪80年代中期才出台《男女雇佣机会均等法》，以推动女性劳动者的平等就业；1999年才出台《男女共同参画社会基本法》，开始对女性的政治、经济、文化、社会等各方面权益实施全面保障。[1] 美国在1963年颁布了公平薪酬法案[2]，主要规定雇主不得因种族、宗教、性别差异为由实行歧视待遇，该法中虽然有对男女同工同酬的表述，但并没有具体涉及妇女权利和利益的专项保护问题。1978年美国国会通过《怀孕歧视法》，但该法案并未能真正改变怀孕妇女受歧视的地位。在美国，孕妇往往面临被解雇的风险，劳动法也并没有规定公司需要给孕妇以特殊照顾，因此，尽管没有被解雇，很多怀孕妇女为了身体健康也只能选择辞职。除此之外，孕妇还要为经济担忧，因为美国实行的是无薪产假制度。[3] 相比较而

---

[1] 李可书、张星："日本妇女权益保障及其对我国的启示"，载《新疆社科论坛》2012年第5期。

[2] 袁锦秀："美英妇女权益保障与我国立法的完善"，载《求索》2007年第7期。

[3] 高雅："中美劳动法——女职工孕期保护对比分析"，载《经营管理者》2014年第14期。

言，我国妇女权益保障立法对妇女的"四期"给予了更具针对性的特别保护，充分彰显了我国法律的人本关怀。

但国外立法在反对性骚扰、反对家庭暴力等妇女权利保障方面也给我国立法提供了有益的借鉴。2000年日本出台了《反跟踪骚扰法》，规定诸如等待或者阻碍妇女走路、连续给对方拨打电话、实施性骚扰等行为都属于跟踪行为。同时，将跟踪骚扰行为入刑，加大了对违法行为的惩罚力度，保护了受害妇女的人身权利。[1] 2001年，日本正式通过了《防止配偶暴力法》，对家庭暴力行为进行了法律规制，并赋予检察机关一定的自由裁量权，对家庭暴力行为提出了更加严厉的处罚，以进一步保护在家庭暴力中受到侵害的女性。美国1964年通过《民权法案》，规定雇主应当采取积极措施防止性骚扰行为发生，针对性骚扰行为应当采取措施及时阻止，否则将受到责罚。[2] 美国的反性骚扰立法保护了女性就业中的基本权利。在反对家庭暴力方面，主要通过"民事保护令"制度实现。该制度规定，家庭暴力的受害者可以向地方法院申请强制保护令，法院有权强行逮捕家庭暴力的实施者或违反"保护令"的人。美国的民事保护令在很大程度上保护了妇女在婚姻和家庭中的人身安全，并在一定程度上减少了家庭暴力的发生。2005年我国《妇女权益保障法》的修正，对保障妇女的人身权利做作出了更为具体的规定。2015年《刑法（修正案九）》，加强了对性侵女童行为的惩处力度。2016年3月，我国首部《反家庭暴力

---

[1] 李可书、张星："日本妇女权益保障及其对我国的启示"，载《新疆社科论坛》2012年第5期。

[2] 黄晓琪："中美劳动法对劳动权保护的对比研究——基于工作场所性骚扰的角度"，载《中国商贸》2012年第07X期。

法》正式实施，表明国家更进一步加强了对女性合法权益，尤其是在婚姻家庭中的人身安全与权利的重视。总而言之，在家庭暴力的防范与惩戒上，《妇女权益保障法》虽然有所涉及，但细节上存在着一定不足，但是2016年以后，专项的《反家庭暴力法》弥补了《妇女权益保障法》在防范家庭暴力细节上的一些不足。

（二）《妇女权益保障法》的不足之处

从法律文本和法律实施效果方面来看，《妇女权益保障法》仍存在着一些不足，主要体现在形式与内容不协调、法律责任主体归属不清、存在滞后性、缺乏实践性这几个方面。

1. 形式与内容不协调

《妇女权益保障法》作为一部保障妇女权益的专门性法律，更侧重保护妇女群体的整体利益，对保护妇女的个体利益有所疏略。[1]"消除对妇女一切形式的歧视"已经成为《妇女权益保障法》的一项重要原则，但这一原则更像是对妇女整体权益的一项宣言。我们应该知道，每个妇女都是独立的个体，由于对"歧视"没有更为明确的定义，妇女个人很难根据这一规定保护自己的权利。例如，该法对女性就业歧视行为予以明令禁止，当针对妇女个体的就业歧视行为出现时，如何判断就业歧视，就业歧视的单位如何承担法律责任等方面并没有明确规定，个体妇女难以依据法律规定获得有效救济，使得女性就业平等权利难以落到实处。

此外，《妇女权益保障法》中多是概念性的、笼统性的规定，很难作为解决女性侵权案件的司法裁判依据。在实际案件中，当妇女权益受到侵害时，司法机关和其他相关机关很少

---

[1] 杨爽："我国妇女权益法律保障问题研究"，东北大学2014年硕士学位论文。

援引《妇女权益保障法》的规定，更多的是参考《民法通则》《侵权责任法》《刑法》及相关司法解释处理。

《妇女权益保障法》对妇女群体特殊权益的强调，无形中放低了女性的姿态，将女性整体视作一个弱势群体看待。《妇女权益保障法》应当致力于实现两性平等，在关注弱势妇女权益的基础上，应将妇女作为平等主体对待，尊重妇女的自由选择权；在保护其人格尊严的前提下，注重女性自身能力和个人价值的提升，最终促使妇女实现自我的全面和自由发展，即"保障妇女权益，消除对妇女一切形式的歧视，实现男女权利平等"[1]，这与中国特色社会主义的人文关怀思想相契合。

2. 法律责任主体归属不清

在《妇女权益保障法》中，关于妇女的教育培训、生育救助以及受害申诉等多个方面，都有提及"相关部门"这一责任主体，然而，"相关部门"具体指的是哪些部门并没有明确，导致法律责任主体不明晰。

3. 存在滞后性

《妇女权益保障法》自1992年实施至今，期间只经历过一次比较大的修正。但与经济社会的快速发展相比，法律法规相对静止，导致妇女权益保障法律规范的滞后。一方面，对社会新情况、新问题缺乏相关的法律规制内容。例如，"网络婚姻诈骗""校园裸贷"等现象，难以依据该法有效应对，从而使得受相关问题困扰的女性无法获得专门的法律保护。另一方面，性骚扰问题相关立法仍需进一步完善。2005年修正的《妇女权益

---

[1] 郑锡龄："'新时代中国特色妇女权益保障的制度与实践'学术研讨会综述"，载《妇女研究论丛》2020年第1期。

保障法》首次以法律形式明确禁止对妇女实施性骚扰。但对于性骚扰的界定、防治措施、责任主体、归责原则和责任类型等方面均没有作出符合社会实际需要、操作性强的法律规定，未能有效解决妇女性骚扰案件"立案难""举证难""赔偿难"等问题。此外，该法依然没有明确回应男女同龄退休等社会重点关注问题。

4. 缺乏实践性

《妇女权益保障法》对女性的教育、就业、婚姻家庭等权益进行了保护，但由于规定的内容过于原则化、纲领化，导致缺乏实践性。具体表现在如下方面：

在女性参政权方面，《妇女权益保障法》规定，全国各级人大会议应当有适当比例的妇女代表参加。然而，何种比例为"适当"？法律并没有做出明确规定。据相关数据显示，1954年参与第一届全国人民代表大会的女性所占比例仅为12%，到第十三届全国人民代表大会为止，其比例超过了24.9%，但依然没有达到联合国提出的30%的女性参政目标。同样，《妇女权益保障法》也规定，国家机关、企业事业单位内必须有适当数量的女性领导。而这"适当数量"同样未明确范围，以至于在实践中很多地方采取最低限额，变成至少1名。以女性从事领导工作的实际情况来看，中国女性领导的人数很少，高层次的女性领导比例更少。因此，《妇女权益保障法》对妇女政治权利的保护仍有待加强，需进一步明确参政女性和女性领导的最低比例。在此基础上，也应加强教育和宣传活动，提高妇女参政意识，进一步保障女性的参政权利。

在女性教育权利方面，《妇女权益保障法》规定，男女在文化教育方面拥有同等的权利,适龄女童有接受义务教育的权利。对于拒绝履行法定义务,阻止女童入学的监护人,地方政府应采取有效手段,责令其送女童上学。然而,关于"有效措施"的法律规定并不明确,其中是否可以采取强制措施也无定论,从而导致该条规定过于笼统,在实践中难以操作。根据2019年《〈中国妇女发展纲要(2011—2020年)〉统计监测报告》显示,我国无论在学前教育阶段还是义务教育阶段,女性的基础教育权利均已得到有效保障,基本消除性别差距。关于女性的高等教育,2019年我国高等教育中女性占比已经超过一半,取得了令人可喜的成绩。虽然妇女文化教育水平在逐步提高,但个别地区仍然存在差距。特别是在贫困地区,在家庭经济条件的限制和重男轻女思想的影响下,往往选择将教育资源向男孩倾斜,而女孩却被迫离开学校走向社会,甚至通过早婚的方式来减轻家庭负担。由于知识水平有限,这些女性往往只能从事一些与自身水平相符的低技术工作,这限制了她们自身能力的发展,也无形中形成了贫困的代际传递。对于这部分女性而言,享有与男性同等的受教育权利依然是一种奢求。虽然《妇女权益保障法》明确规定,必须保障妇女受教育的权利,但理想与现实往往存在差距,法律规定的受教育权要成为现实,还有许多工作要做。因此,国家应该增加妇女文化教育专项资金的投入,重点解决贫困家庭女童辍学问题,让适龄女童在文化教育事业中有更多的发展机会,真正实现普惠发展、平等发展。

从婚姻家庭权利的角度看,《妇女权益保障法》对家事劳动补偿制度有所提及,具体来说,一方在抚养子女、照顾老人等家事劳动中付出较多的,在离婚时有权从另一方处获得赔偿。

该条款对妇女家事劳动的社会价值予以了肯定，有利于家庭和社会男女平等的进一步促成。但与同时期《婚姻法》的相关条款一样，《妇女权益保障法》对这一制度的规定同样过于笼统，对如何补偿以及补偿多少等问题都没有作出具体规定。并且，与《婚姻法》相同，该法亦规定，家事劳动补偿以夫妻书面约定财产分别所有为前提条件，超前于我国婚姻家庭中夫妻财产关系的实际情况，导致该条款"中看不中用"。2020年5月颁布的《民法典》对这一内容进行了修改，解除了关于"书面约定财产归属"的限制，使得原有规定更加合理。不过，在司法实践中具体应该如何运作，仍然缺少进一步的规定。

四、《妇女权益保障法》的立法启示

随着我国全面依法治国的逐渐深入，《反家庭暴力法》《民法典》等法律相继出台，《妇女权益保障法》在立法与执法、司法实践中的不适宜之处日益显现，应当尽快完善《妇女权益保障法》，构建科学系统的妇女权益保障法律体系。

（一）明确责任，建立权责划分体系

对于该法中法律责任主体不明确的问题，一方面，应当对责任主体的范围进行进一步的明确。举例来说，当前《妇女权益保障法》规定有关部门要对贫困妇女提供相应的生育救助。此处应当明确承担救助责任的具体部门，以防止各部门相互推卸责任。再比如，根据法律规定，受到性骚扰的妇女可以寻找有关部门投诉，这里的有关部门既可以包括公安机关也可以是妇联等其他组织。根据不同的规定确定相关部门的权责，形成内部联系机制，共同加强妇女权益保护。

另一方面，要明确违法责任内容，强化处罚机制和监督

机制。妇女侵权事件屡见不鲜的一个重要原因是对违法行为界定不清。应该进一步明确"性别歧视""就业歧视"以及"性骚扰"等概念的具体定义和法律责任。这样一来既为有关部门明确判断"性别歧视"和"性骚扰"行为提供法律依据，也为执法和司法机关依法追究责任提供了很大的便利。实践中，由于没有明确界定"就业性别歧视"，对于发生在求职中的歧视行为，只能按照"一般人格权纠纷"提起民事诉讼，很难以就业歧视的名义追究其行政责任。就责任内容而言，其他法律、法规对侵害妇女合法权益的行为有规定的，依照其规定进行处罚；在其他法律、法规没有规定行政处罚的情况下，《妇女权益保障法》应当就行政责任的承担进行规定，填补法律、法规的漏洞。如规定对歧视妇女的雇主给予一定的警告或罚款，对阻碍妇女参政的行为给予一定的处罚等。同时，要建立相应的监督机制，减少和终结违法不究、执法不严的局面。政府以及民众都可以作为监督者。国家机关可以以随机检查的方式来发现和纠正有关部门的疏漏。同时，通过建立相应的监督机制，可以有效防止相关部门拒不依法履行职责的情况发生。有关部门如果不严格处理涉及妇女权益的投诉、举报和控告，将会受到一定的行政处分。只有将监督机制和处罚机制明确化、完善化，才能尽可能地保护好妇女的合法权益。

（二）保障就业，确保女性就业及经济地位

立法作为法治的起点，应当体现男女平等的价值取向。以女性劳动与就业方面为例，中国现有的保障妇女就业的法律法规总体较多，但出现了"九龙治水"的局面，缺乏针对性，如在《劳动法》《劳动合同法》以及各种劳动条例、规定中都有保护妇女权益的内容。然而，在大多数现行法律法规中，性别平等这一价值取向并没有受到足够重视。因此，立法机关应当以男女平等为立法价值取向，在保护妇女基本权益的基础上，提高立法的科学性，进一步保护妇女权益。具体来说，可以从以下两个方面完善妇女劳动保障权立法：一方面，完善妇女职业培训和职业教育的法律法规，填补法律空白。在职业培训和职业教育中，妇女的权益一再遭到侵犯，如雇主拒绝支付培训津贴；雇主不补贴女性职业教育等。目前，我国尚无专门的法律法规保护妇女在职业培训教育中的权益。因此，应立足社会现实，制定适合社情民意的保障女性就业、提高女性经济地位的法律法规，填补妇女劳动保障方面的立法空白。另一方面，女性的特殊权利应当通过专门的法律条款进行明确，比如在《妇女权益保障法》中，妇女应当与男性享有平等的福利待遇，这里应当明确"福利待遇"的具体范围。笔者认为，为加强对妇女劳动权益的保障，确保女性就业及经济权利的实现，应制定更加完善、符合社情民意的法律法规，既要实现总体上的公平，又要注意尊重合理的差别，这样才能更好地保障妇女的就业平等，从而在根本上提高妇女的职业和社会地位。

（三）重视教育，促进女性主体意识觉醒

第一，政府部门应当加大资金投入。女性的受教育水平不仅关系到自身的发展，也在很大程度上会影响下一代的成长。我国法律规定，女性与男性享有同等受教育的权利，但由于经济、文化、思想观念等因素的综合影响，这一政策在一些地区无法得到很好落实。因此，应当制定针对贫困地区和弱势群体的特殊教育政策，使女性得以平等地接受教育；与此同时，可设立政府奖学金,尽量帮助因经济困难而无法继续学业的女性;鼓励企业和社会组织积极捐款,筹办学校,改善教学环境,以保证学龄女童能够接受教育。时代楷模张桂梅筹资创办丽江华坪女子高中,针对当地女性教育现状,开创了"高素质的女孩—高素质的母亲—高素质的下一代"的良性教育模式,这一模式有效推动了贫困地区的妇女教育实践发展。第二,大力建设乡镇成人教育学校和培训学校,将扫盲与脱贫目标密切连接。与城市相比,乡镇女性的教育水平较低。因此,乡镇政府部门可与教育等相关部门合作,共同建设地方成人教育学校,提高地方文化教育水平,帮助更多的女性学习实用技术,从而脱离贫困。第三,制定相应政策和计划,落实平等受教育权。之前,中国实施的"希望工程"和"春蕾计划"取得了显著成效,帮助更多的失学女童重返校园。政府应联合教育部、妇联等相关部门制定相关法律法规,逐步消除性别差异。

结　语

妇女权益保障,关系到女性群体的方方面面,更关系到整个社会是否能够公平发展。《妇女权益保障法》作为维护女性权益的主体法律,在明确和保障女性的基本权益、推动社会男女平等方面占据着不可替代的重要地位。随着社会法治的持续发展变化,女性的权益保护事业受到了一系列新问题的挑战。无论是在法律原则还是在法律内容上,该法都存在力不能及之处。因此,进一步修改《妇女权益保障法》极为重要。在对其进行修改时,要注意重构其基本法律原则,由过去的保护女性特殊权益逐步向推动社会男女平等方向发展。要进一步完善细化法律条文，使得法律更具实践性和可行性；调整与《民法典》等新修订法律的不相适宜之处；弥补现行法律的不足与漏洞，以应对社会中发生的新问题。在完善国家治理体系和增强现代化治理能力的大形势下，继续发挥《妇女权益保障法》的重要作用，保护妇女权益，推动两性平等。

完善救济制度,切实保障女性权益
——综论性别平等之保障与救济

法谚云:"无救济则无权利。"无论立法或相关政策规定何种程度的男女平等与保障女性权利,如果没有相应的救济制度,难免有化为一纸空文之虞。目前,我国的救济体系总体上是完备的,包括民事、行政、刑事这三大公力救济途径,以及少数几种私力救济,这在一定程度上保障了女性权利,但在局部立法及救济程序上还存在一定的补正空间。

一、女性受教育权的法律救济

(一)女性受教育权的现有法律救济途径与缺陷

公民受教育权是宪法确定的一项重要基本权利。要保障和实现公民受教育权,其关键之一是健全受教育权的法律救济制度。受教育权的法律救济是公民受教育权受到侵害后,依据相关法律法规解决纠纷,恢复、补偿受损权益,旨在保障公民受教育权的良好实现。在我国现行法律框架下,受教育权的法律救济制度包括两种:行政救济和司法救济。其中,行政救济有两种方式:教育申诉和行政复议。

1995年,原国家教育委员会出台规定,要求各级教育行政部门制定和完善行政申诉制度,来维护教师和学生的合法权益,各级各类学校内部也应建立相应的校内申诉制度[1],这是保护受教育权的重要措施。但是,在实践中,我国多数学校并没有设置申诉部门。同时,由于相关规定没有对学生提出申诉后的操作规程进一步说明,如申诉程序、申诉受理机构、时效制度、管辖范围等,致使有关教育申诉的相关规定见效不大。此外,学生申诉中涉及的大部分纠纷被视为学校的"内部行为",这使得关于受教育权的纠纷出现后,无法保证其得到公正和公开的解决。

在此之外,1999年《行政复议法》首次明确将教育行政行为纳入行政复议范围,使得受教育权益受到侵犯后的救济有法可依。根据目前的法律规定,如果学生及其监护人对于教育行政机关未能依法履行职责,保护其受教育权的,可以提起行政复议。除此之外,学校自身的教育行政行为或者其他教务活动侵犯了学生的受教育权时,是否适用行政复议甚至行政诉讼?在《行政复议法》中并未明确,但在《教育法》中规定,学生不服学校处分的,可以向有关部门申诉,认为学校或教师侵犯了其合法的人身、财产权利时,可提出申诉或诉讼。[2]由上述规定可以看出,学生无法针对学校的处分结果直接提起行政复议。那么,如果学生不服申诉后的处理结果,是否可以提起行政复议?对于这一情形,依然没有明确规定。由此可见,行政复议作为受教育权的重要救济途径之一,应用范围非常窄,难以

---

[1] 杜嘉雯、崔越群:"受教育权的宪法保障与救济制度研究",载《新西部(理论版)》2017年第3期。

[2] 孙军英:"论我国公民平等受教育权的行政法保护",载《教育理论与实践》2019年第19期。

满足学生维权的需求。

在我国三种主要的诉讼类型中，行政诉讼无疑是较为适宜处理学生、监护人与教育机构关系的。因此，有学者提出当学生与校方发生关于受教育权的纠纷时，可援引《教育法》《高等教育法》等相关法律法规进行协商、复议或者提起行政诉讼。此类情况下，学生与学校间可以形成相互制约的权利义务关系，对一些常见的违法现象如招考舞弊行为等有所威慑。但需要指出的是，《行政诉讼法》并没有将学校处分学生的行为明确列入受案范围。前面提到的《教育法》第40条第（四）项规定，学生认为学校、教师行为对其合法的人身权利、财产权利造成损害的，可以申诉或依法提起诉讼。这里是提起民事诉讼还是行政诉讼？法律并未明确。可见，我国教育立法中对于受教育权的司法救济规定是模糊且笼统的。此外，从理论上看，教育行为具有相对的自主性和专业性特征，通过诉讼来救济教育管理行为的力度如何把握，裁定方式如何确定也存有争议。田某诉北京科技大学一案，开启了通过行政诉讼途径解决教育纠纷的先河，具有里程碑的意义。[1]在该案中一审法院海淀区人民法院确认了公立高校的行政诉讼主体资格，并把教育领域纠纷纳入行政诉讼范围。自此，在司法领域达成共识，公立高校的行政管理行为应当符合教育法律法规，作为法律法规授权的组织，具有行政诉讼主体资格。在该案之后，以高校作为被告的行政诉讼案件层出不穷，但各地法院存在"同案不同受""同案不同判"的现象。因而目前教育行政诉讼无论是在理

---

[1] 湛中乐："司法对高校管理行为的审查——田某诉北京科技大学案评析"，载《中国法律评论》2019年第2期。

论上还是实践中，依然有很多难题需要解决，急需在相关制度方面予以补正。

（二）受教育权法律救济的完善

通过完善现有法律制度从而实现法律的创新和传承，是极具现实意义的法律活动。他山之石，可以攻玉，法律制度创新也可以选择法律移植。但是任何移植的法律制度都应该考虑其本土化的适应性，不可照搬也不必照搬。因此，在中国受教育权法律救济制度的构建与完善中，可以批判性地将国外某些适宜的法律技术与中国的实际立法环境相结合，并通过比较、分析、实证等方法探究不同国家对于受教育权的法律救济制度的有益经验，进而完善我国相关法律规定。英美法系国家和部分大陆法系国家关于受教育权法律救济制度均采用诉讼与非讼相结合的模式，通常遵循先调解、后行政介入的原则。如果调解及行政介入仍无法解决纠纷，则可提请司法终审。这一处理顺序坚持了司法终审与纠纷解决多元化并行的原则，值得我国借鉴。

基于教育权所产生的法律关系是一种复合的社会关系类型，涵盖了平等法律关系、从属法律关系、伦理道德社会关系等。这就决定了必须有相应的多元化教育纠纷解决机制，以保障女性受教育权的实现。因此，有必要撷取先进立法技术，将其引入我国的教育立法。具体而言，我国应建立多元化的受教育权法律救济制度，使非讼与诉讼方式并行、调解手段与行政手段并存。一方面，结合教育纠纷的特殊性，完善学生申诉机制。在保障教学机构办学自主权的基础上，落实《教育法》第43条关于申诉权的规定，将学生申诉制度化，建立符合中国国情的有效的教育申诉制度。此外,也应该引入各种非讼替代机制,如教育仲裁、行政调解、行政复议等,并注意各种救济方法之间的关联与衔接。而在受教育权的法律救济中,应秉持公正和保障人权的理念,将对公民受教育权有重大影响的相关违法行为纳入司法救济的受案范围,建立教育行政诉讼,在尊重教学机构自主管理权的前提下,允许司法审查进行适当干预,就可以在立法层面和司法层面对女性受教育权被侵犯的行为进行更好的救济。总之,我国教育法治的完善,有利于保障公民受教育权的实现并积极推进依法治校,多措并举,加快建立现代学校教育制度。

二、女性劳动、就业权的法律救济

(一)女性平等就业权的现有法律救济途径与缺陷分析

目前,我国针对就业性别歧视的问题已经制定出台了众多的法律法规,如《宪法》《妇女权益保障法》《劳动法》以及《就业促进法》等,不一而足[1]。其中,《宪法》作为国家根本大法,要求男女平等,规定男女享有平等的就业权利,同工同酬;《劳动法》禁止在就业中歧视女性,保护女性职工的平等就业权利;《妇女权益保障法》则立足于保护妇女权益,消除各领域对妇女的社会歧视,并规定妇女受到歧视对待时,可以通过投诉、仲裁或诉讼等渠道寻求帮助。但就实际情况而言,在这些法律规范的实施过程中,仍会遇到各种各样的实际问题,诚如法谚所言:"立法总是滞后的。"所以我们需要从制度层面和

---

[1] 靳楠:"性别平等视野下我国就业性别歧视问题研究",载《劳动保障世界》2019年第9期。

执行方面查缺补漏，完善相关机制，进而更好地保护女性平等就业权。

首先，在司法救济方面存在着一定的阻碍：①立案困难。基于性别原因而产生的就业歧视很难进入到劳动仲裁或劳动诉讼程序，就业权利被侵犯的女性很难寻找到法律救济的途径。②举证责任设置不合理。我国民事诉讼一般采用"谁主张，谁举证"的原则，除了特殊情况，负担举证责任的主体往往是遭受性别歧视的女性个体。在现实生活中，雇主往往处于优势，而女性求职者通常处于弱势，即便进入诉讼程序，作为劳动者的女性的举证能力，与雇主相比也明显处于劣势，这就会导致女性在相关权利救济诉讼中遇到举证困难的问题，较难胜诉。

其次，行政层面的救济措施也有待精准赋权。目前，我国解决劳动纠纷的主要机构，是各地的劳动仲裁委员会，其他保障或管辖就业平等的机构包括工会、妇联、残联、劳动监察大队等。但除劳动仲裁委员会与监察大队具有一定权责之外，其他机构往往仅具备调解的功能，并没有解决劳动纠纷的强制性权力。由于诉讼周期长、结案慢的原因，人民法院的作用发挥有限，加上需要承担诉讼相关费用和目前举证原则的规定，女性平等就业的权利难以得到充分保障。从而导致各种歧视现象得不到纠正和惩罚，女性平等就业权被侵害时得不到及时救济的情况。因此，女性平等就业权遭受侵犯的案件在审理过程中仍需相关单位，比如妇联、工会等予以支持，才能平衡单个个体与用人单位之间悬殊的力量差距。而目前上述的组织和单位在法律上尚无精细的、可操作的赋权，使得这种方式下的救济效果较为有限。

（二）女性劳动、就业权法律救济的完善

首先，应当简化、优化女性劳动与就业权受到侵害时的法律救济程序。具体如下：①扩大对女性就业歧视的规制范围。在反对基于性别的就业歧视的现行法律法规中，已经建立劳动关系的女性员工和雇主方属于其调整范围，而对于劳动关系建立之前所发生的矛盾纠纷（通常为招聘时）则不在其调整范围内。因此，应进一步扩大反性别就业歧视的法律适用范围，覆盖处于招聘阶段或离职后的一定时期。例如，可以明确规定，禁止用人单位招聘歧视、就业岗位歧视，禁止一切直接或间接的就业性别歧视行为。②完善举证责任原则，实施举证责任倒置，转移举证责任负担。与劳动者相比，雇主的资源优势明显。对于传统的"谁主张，谁举证"原则可以根据实际情况，修改为只要受到歧视的女性劳动者能够出示证明其遭受歧视的直接证据，即可将举证责任转移给被告。如此一来，将在很大程度上扭转女性劳动者在诉讼中的弱势地位，保护其平等的劳动与就业权益。

其次，应设立专门救济机构，并进行法律赋权。①建立性别平等委员会，并赋予其公益诉讼职能。这一机构应当致力于提高妇女的权利保护意识，并提供必要的法律援助。因为就目前的国情而言，大多数女性员工提起劳动诉讼不仅要花费时间、精力，更需要支付不菲的律师费、诉讼费。当败诉的可能性较大或者诉讼成本过高时，大多数受歧视的女性员工会选择放弃维权，默默承受这种不公正待遇。但如果能够提起公益诉讼，则可以节省大部分诉讼费用以及女性劳动者的精力、时间，能够在保护女性权利方面发挥重要作用。②建立专门的、速裁速判的劳动法庭来处理相关纠纷。与其他民事诉讼相比，劳资关系复杂而烦琐，往往需要涉及纷繁复杂的实际操作。因此，设立专业且高效的劳动法庭依法处理案件，能够大大降低劳动关系带来的复杂性，并节省控辩双方的时间和成本，增加社会效益。

最后，应从立法层面做好设计，完善平等就业的相关立法，通过法律来杜绝性别歧视。在此类专项立法中，总结《妇女权益保障法》等法律条文过于概略性的缺陷，出台操作性强、针对性高的法条：①明晰就业性别歧视的概念和界限，建立判断就业性别歧视的标准。对就业性别歧视的概念、形式、构成要件、举证责任、免责事由、法律责任等作出具体规定。特别是性别就业歧视的概念、范围应当作出具体的文义解释。此外，也应该明确雇主在选择雇员方面的自主权的界限，尽量消弭当前雇主拒绝女性雇员时，所列出的一些无形门槛。②明确法律责任的后果和具体措施，加大处罚力度，增加违法成本。实践中一些用人单位之所以毫不顾忌地违反劳动法律实行性别歧视，原因在于违法成本太低，因而需对症下药，严格追究法律责任，增加其违法成本，进而约束其行为。

（三）职场性骚扰的法律救济及优化途径

1. 关于职场性骚扰的现行法律救济

相关调查显示，我国职场性骚扰并不鲜见。然而，我国对职场性骚扰的法律规定还不够充分，目前实践中较为突出的问题是举证难，此外即便诉讼获胜，也难以取得相应的赔偿。从立法角度看，我国针对性骚扰问题一直在不断积累立法经验。2005年8月第十届全国人大常委会十七次会议通过了修正后的

《妇女权益保障法》就已经对性骚扰行为有了明确的定义,并规定对受害者提供法律救济。但在这部法律并没有为性骚扰受害者提供更为具体的救济措施,在实践应用中还存在较多问题。2012年国务院颁布的《女职工劳动保护特别规定》第11条更加明确规定:"在劳动场所,用人单位应当预防和制止对女职工的性骚扰。"不难看出,上述这些关于性骚扰的规定还都停留在定义和对义务主体的约定上,缺乏具体救济措施。2021年生效的《民法典》设置人格权并独立成编,对工作场所中性骚扰行为的判定、预防和处置、侵权责任等,都有了更为细致的规定。[1]这使得受害者可以依法要求实施性骚扰的行为人承担侵权的民事责任,为职场女性提供了维权的途径。

2. 优化职场性骚扰的法律救济途径

首先,在立法层面,应当更加细化和规范法律救济措施。我国应明确将职场性骚扰的具体的救济措施写入相关法律,保护女性权益。例如,可在《妇女权益保障法》第八章"法律责任"第58条、《女职工劳动保护特别规定》第14条中对性骚扰的相关法律救济进行细节规范和完善,明确规定具体救济措施。同时,在《劳动法》第十二章法律责任、《就业促进法》第八章法律责任等处也加入针对性骚扰的救助规范和措施,保障女性在遭受职场性骚扰时,举报、仲裁、诉讼等救济渠道的畅通,不再陷入无法可依的艰难境地。

其次,提供多样化的救济措施。具体而言,主要有以下三种:①设置反骚扰人身安全保护令。具体可以参照《反家庭暴

---

[1] 王利明:"民法典人格权编性骚扰规制条款的解读",载《苏州大学学报(哲学社会科学版)》2020年第4期。

力法》中"人身安全保护令"的规定，设立类似条文来规制职场性骚扰。如性骚扰受害者可以向人民法院或公安机关提出保护令的申请，禁止行为人接近受害者，强制雇主履行预防和处理工作场所性骚扰的义务，强制行为人承担相应的法律责任。②增加性骚扰精神损害赔偿制度。对性骚扰受害者而言，往往会遭受到精神和名誉的双重损害，且属于非经济损害范围。然而，目前我国相关法律对性骚扰后的精神损害救济缺乏具体规定，建议我国在相关法律中明确性骚扰的精神损害赔偿规定。③设置惩罚性赔偿。职场性骚扰的一个突出特点是侵权人和受害者之间存在一定的工作关系，因而性骚扰初次发生后较难采取阻断措施。从行为人的角度来看，如果存在恶意或重复性骚扰的行为，则必须加以严惩。因此，我国有必要规定惩罚性赔偿，对恶意实施性骚扰、屡教不改或情节严重性质恶劣的，施以惩罚性赔偿处罚。

三、女性在婚姻家庭生活中的法律救济

（一）关于遭受家庭暴力的法律救济

1. 遭受家庭暴力时现有的法律救济途径

我国《反家庭暴力法》已经设立并实施。这是针对家庭暴力行为的专门立法，相比于以往对于家庭暴力的"无法可依"而言，已有了很大进步，但这部法律无论是法律文本还是具体实施仍有很多问题需要进一步完善。

首先，是在立法层面与程序设置上存在不足：①缺乏统一的实施细则。《反家庭暴力法》规定了各种处理家庭暴力的措施，但由于这些措施在实践中遇到了因为家庭伦理、观念等各种原因以及处置的配套方案不完善而导致的操作上的困难。例如，

监护人资格撤销和恢复制度中的程序和细则并不完善。[1]《反家庭暴力法》规定了具体情形下的监护人资格撤销制度,这对庇护不具有完全民事行为能力的弱势人群非常有利。撤销监护权利的前提条件,是监护人严重侵犯被监护人的合法权利,但如何判定具体的侵犯行为的性质和侵犯的程度等都没有详细的评判标准和参照。例如,对被监护人的侵害达到何种程度方符合法律规定的"严重"标准?此外,丈夫对妻子实施持续性的家庭暴力,还可以监护孩子吗?而监护人的权利被撤销后,如何切实有效地保护被监护人的权利?上述问题仍需完善。②告诫书及"人身安全保护令"的设置尚待优化。《反家庭暴力法》规定,公安机关有权向施暴者发出警告信或告诫书。在实践中,已有不少公安机关向施暴者发出过告诫书或警告信。对于告诫书的主要问题是:其一,如何保障告诫书对施暴者的威慑力。一旦施暴者违反告诫书的规定,需承担何种责任,以及此时如何保护受害者的权利?这些问题仍是一个亟待解决的执法症结。其二,在全国范围内,告诫书、警告信的格式和标准不统一,大多数地方公安机关根据当地的治安制度制作告诫书,告诫书格式的不规范削弱了其权威性。《反家庭暴力法》有明确规定,人身安全保护令由法院执行。然而在现实情况中,法院根本没有能力及条件执行此类涉及个人人身权利的案件。由于家庭暴力发生地点的隐蔽性、时间的特殊性以及法院强制执行的局限性,相关机构很难对被调查者实施24小时全程监控。除此之外,《反家庭暴力法》也没有规定对施暴者的矫正制度。家庭暴力案件发生后,除了向受害者提供及时和必要的救助措施

---

[1] 阿计:"反家暴立法的未决难题",载《海南人大》2017年第7期。

外，纠正施暴者的暴力行为也很重要。通过对施暴者实施矫正制度，可以有效地防止家庭暴力的再次发生，同时使施暴者深刻认识到其行为的非法性。这一制度不仅可以防止家庭暴力的发生，还可以避免已经发生的家庭暴力愈演愈烈，为遭受家庭暴力的女性营造法律保护的安全氛围。

其次，缺乏反家庭暴力执法联动机制，导致无法实现对家庭暴力"零容忍"。目前还未能建立起包括公安机关、妇联、街道、居（村）委会、救助机构等机构、组织的联动合作，导致在处理家庭暴力案件时各单位各行其是，缺乏统一行动。公安机关作为反家庭暴力的主要执法机关，因为警力的限制在处理家庭暴力案件时也往往显得力不从心。使得在反家庭暴力宣传、预警、证据搜集、告诫书的监督执行、对施暴人的后期监督回访等诸多环节存在漏洞，难以做到有效预防、打击家庭暴力。此外，执法部门的执法缺乏统一规范，同时存在一定程度的消极执法问题，也有待改进。现实中，由于对反家庭暴力执法缺乏统一的程序规范，基层公安机关对于家庭暴力案件的处置，是适用普通民事纠纷调解，或是治安管理处罚，还是刑事立案，没有明确的相关规定。导致各地基层公安机关在处理家庭暴力案件时的执法力度难以把握。在家庭暴力案件的现场处置方面也有失规范。受传统观念的影响，部分基层民警对家庭暴力存在错误认识，认为家庭暴力是家庭内部矛盾，不触犯法律，往往将调解作为主要的处置方式。通过对施暴人进行批评教育，在其作出口头保证之后，本着"劝和不劝分"的原则，劝说受害人接受调解。在调解思维的指导下，基层公安机关在处理家庭暴力案件时往往存在执法程序不规范的问题，如对家庭暴力行为取证不足，忽视现场勘查和证据固定，未能形成书面卷宗材料，重调解而忽略对家庭暴力诱因的调查和解决，未能及时将老人、儿童、孕妇等特殊群体带离现场加以庇护，对受害人的保护不到位，对应该采取强制措施的案件不采取强制措施等。在公安系统中，一般以处理治安案件和侦破刑事案件数量作为考核的重要指标，家庭暴力案件很少走到这一步，这也直接导致了基层公安干警缺乏及时救助的动力。

2. 完善关于家庭暴力的法律救济

首先，应在立法层面最大可能保障女性免受家庭暴力的侵害，使得女性合法权益在遭受侵害后寻求救济时能够有法可依。仅依靠一部《反家庭暴力法》远远不足以遏制或预防家庭暴力，需要出台相关配套法律规范方能提供系统性保障。因此，地方各级人民代表大会和各级政府也要加强地方立法建设，因地制宜地制定地方立法，针对反家庭暴力形成更完善的救济体系与制度，来遏制家庭暴力的发生，保护受害者的合法权益。其次，在司法救济层面也应当予以完善：①提高人身安全保护令的可操作性和可执行性。在《反家庭暴力法》第四章增加人身安全保护令的具体规定，可以使家庭暴力案件的处置从事后惩罚转变为事前保护受害者，从而降低家庭暴力的发生率，这是预防家庭暴力的有效方案。笔者认为，可将人身安全保护令制度进一步优化，将其作为独立的申请事由赋予公安机关签发权限，或将其作为独立的诉讼事由并由法院予以裁定。②家庭暴力案件应适用举证责任倒置。我国《民事诉讼法》对于侵权行为的举证责任，除了法律规定的医疗事故侵权、环境污染侵权等八种特殊侵权行为外，其余案件情形往往按照"谁主张，谁举证"的原则分配举证责任。如果原告不能提供证据或证据不足，则将承担不利后果，面临败诉的风险。然而，与普通民事纠纷不同，家庭暴力案件与普通民事纠纷相比具有很大的特殊性，即双方关系密切，暴力场所隐蔽，证人少甚至不存在等。在现有证据规则下，家庭暴力的受害者需要承担主要的举证责任。但就实践情况而言，受害者在家庭暴力案件中往往处于"弱势"地位，特别是对于女性而言，其在搜集和保存证据方面处于劣势，容易导致证据的流失，增加了败诉的可能性，不利于对受害者权利的保护。而且令人担忧的是，这一举证规则会纵容处于强势地位的违法者，可能会加剧家庭暴力案件的发生频次与严重程度。因此，在家庭暴力纠纷案件中，目前的举证责任分配制度确实存在一些不足。笔者认为，可以参照医疗纠纷中举证责任的分配方式，在家庭暴力案件中设置"举证责任倒置"的模式——原告仅需对基本事实提供证据，证明自己因家庭暴力受到了伤害，而由被告证明自己不存在家庭暴力行为或受害者损伤是由其他原因造成等，如被告无法举证则需承担败诉的风险。这样可以减轻受害者的举证压力，使其在诉讼中的弱势地位得以平衡，增加受害人胜诉的概率和获得赔偿的机会，客观上能够更好地扼制施暴行为，实现社会公平。

此外，应当积极探索适合国情的救济新途径，比如加强家庭暴力庇护所建设，帮助受害者从空间上与施暴者分开，避免受到二次伤害，也为后续救济争取更多的时间。这使得在家庭暴力中遭受身体暴力但不敢反抗的、力图避免冷暴力的、遭受婚内强奸的妇女，暂时有了另一个"家"来保护自己及子女。

这也正是社会对女性基本人权的保护的体现之一。就实践层面而言，庇护所可以由县区级及以上人民政府设立，与现行的救助站模式略有相似。只不过对于家庭暴力而言，其入住程序应该简化，缩短受害者申请时间、简化流程。一般来说，人们可以凭身份证和公安机关、城镇和街道的证明即可申请来该处接受庇护并备案。

（二）对女性生育权的法律救济

在中国传统观念中，繁育子女被视为夫妻双方最大的家庭责任和社会义务，所谓"不孝有三，无后为大"。生育权是指民事主体对自己是否生育子女以及如何生育子女等事务的意思决定自由权，即民事主体可以自由地、不受干扰地决定生育意愿，这实际上是一种"生育自主权"。有很多人认为生育权是公民的一项基本人权，是与生俱来的，是先于国家和法律而存在的权利。因此，在中国的法律体系里，过去一直都强调男性与女性享有同等的生育权，应该受到法律的平等保护。法律应该在保护女性生育权的同时，肯定和保护男性生育权。对于男性而言，他们认为自己天然地享有生育权，女人生孩子只是尽了自己的本分，甚至将女性视作生育的工具。随着男女平等观念的深入，女性对于被动生育不再认同，认为这是对于女性人格权益、人身自由权、健康权的侵犯。由于传统的生育需要夫妻双方的共同作用，不依赖生物医疗技术很难单方实现，因此，在实践中围绕夫妻生育权产生的冲突案例屡见不鲜。这种冲突主要表现为：①一方想要孩子，而另一方不同意；②男方未经对方同意，采取强制、隐瞒、欺诈等手段致使女方怀孕，并且阻止怀孕的妻子终止妊娠；③女方未经丈夫同意而单方终止妊娠；④丈夫在知道胎儿性别后，强迫妻子终止妊娠等行为。[1]

生育权的核心是生育决策权。客观来讲，女性生育子女的付出无论从生理上还是精神上都远大于男性，女性在怀孕、分娩的过程中往往要承担很大的健康甚至生命风险。因此，为保护女性权益，《妇女权益保障法》规定了妇女有生育子女的权利，也有不生育子女的自由。这一规定将生育决定权交到女性手中，其本意是保护弱势群体的利益。对于是否生育，何时生育，以何种方式生育，女性可以自主决定。实践中，很多职场女性出于事业发展考虑，选择在婚后一定时间内不生育孩子。若女方已经怀孕，未经与男方协商一致，单方决定终止妊娠，发生这种情况，男方是否可以离婚或者以侵犯生育权为由主张损害赔偿？对于因生育权而导致的离婚纠纷，无论是之前的《婚姻法》还是《民法典》中都有规定，在女性怀孕期间、分娩后的1年内或者是终止妊娠后的6个月内，男方不得提出离婚。这是对于女性生育权的特殊保护。对于损害赔偿问题，《婚姻家庭编的解释（一）》第23条规定，如果妻子单方面终止妊娠，丈夫以生育权受到侵犯为理由请求损害赔偿的，不予支持。这一规定意味着明确了生育决策权归女性所有。这一情况确实阻碍了男性的生育自由的实现，若男性要求离婚，人民法院经调解无效，可以夫妻感情确已破裂为由，判决离婚，但不能支持损害赔偿。

在女性生育权受到侵害时可以通过调解、诉讼等方式进行救济。但无论何种方式，就社会整体效益与秩序而言，夫妻双

---

[1] 程伟鹏：“对夫妻生育权冲突下女性一方权利保护研究”，载《法制与社会》2018年第6期。

方都应珍惜夫妻感情，维护婚姻关系的和谐稳定，相互理解，信守承诺。要充分理解对方的生育意愿，充分尊重对方的生育权利，避免因生育冲突而引发的婚姻对抗和婚姻危机。当然，在实践中，妻子通常处于弱势或被动地位，也由于生育权这一权利的特殊性，其行使和实现方式具有天然的局限性，需要夫妻双方互相尊重。解决问题的根本出路和对策，在于双方良好的沟通，在妻子意外怀孕的情况下，双方应友好沟通是否生育，而妻子也有权单方面终止妊娠。

（三）对女性离婚权益的法律救济

1. 对离婚自由权的法律救济

毋庸讳言，保障离婚自由是婚姻自由原则的重要内容。《民法典》通过离婚诉讼的调解前置程序及离婚冷静期的制度安排，期望可以消除夫妻双方矛盾，促使双方冷静、理性、慎重对待婚姻关系。但是为了保护家庭暴力受害者和遭受遗弃、虐待的家庭成员，明确将遭受家庭暴力、虐待、遗弃或者一方有吸毒、赌博等恶习屡教不改的情形作为判决离婚的正当原因。需要说明的是，正如《企业破产法》的立法目的不是鼓励企业破产一样，保护受害人的离婚自由，并不是鼓励轻率离婚，而是旨在促进家庭稳定和提高婚姻质量。在离婚财产分配问题上，法律明确规定照顾子女、女方和婚姻关系中的无过错方。对于家庭暴力、遗弃、虐待引起的离婚案件，受害人作为无过错方，在分割夫妻共同财产时应该有所倾斜，应当明确有利于受害方。对应地，过错方在离婚时会少分或者不分任何财产。

2. 完善离婚救济制度

离婚救济是指法律对于婚姻当事人已经损失、损害或者可能遭受的损失、损害的正当权益，从公平正义的立场出发，在离婚阶段为其提供的各种法律救助手段的总称。《民法典》在我国原有婚姻家庭法律制度的基础上进行了继承和发展，确认的离婚救济制度包括三部分：离婚损害赔偿制度、家务补偿制度以及经济援助制度。[1]根据离婚损害赔偿制度的规定，夫妻因为一方存在重婚，与他人同居，实施家庭暴力，虐待、遗弃家庭成员的情形或者有其他重大过错导致离婚的，无过错方有权向过错方提出损害赔偿。通过这一制度使受害者能够在一定程度上得到补偿，也可以在一定程度上弥补受害方因配偶的过错行为所遭受的精神上的痛苦，在心理上获得一些抚慰。在家务补偿制度中，《民法典》修改了《婚姻法》中对于家务补偿制度应当以夫妻书面约定财产分别所有为前提的设计，规定只要夫妻一方在家庭生活中承担了抚育子女、照料老人的主要义务，或为另一方工作提供较多协助工作的，离婚时即有权向另一方请求补偿。这一规定的意义在于，家庭资源和贡献既包括可见的、有形的，也包括隐性的、无形的，故而在划分财产时，不能仅将显性和有形的经济供给和收入作为唯一标准，还要包括隐性和无形的家庭贡献和劳动付出。这样一来，可以避免女性特别是全职主妇在离婚时陷入经济困境，保障女性的婚姻权利。经济援助制度则规定：在离婚时，存在生活困难的一方，可以请求有负担能力的另一方给予适当帮助。具体帮助办法可

---

[1] 曹刚：“论中国现有离婚救济制度之缺陷及其完善"，载《中山大学学报论丛》2005年第1期。

以由双方协商，对于无法协商的情况，法院可以依法判决。

然而，不可否认的是，离婚救济制度作为一种比较先进的制度和理念，并没有在司法实践中得到有效的运用，发挥的作用极其有限。这就需要从立法和司法实践两个方面进行纠正和补足。在立法方面，离婚救济制度存在适用条件苛刻、适用范围狭窄、法律规范笼统、缺乏实施细则等相关问题。而在司法实践方面则表现为举证难、执行难的困难。为解决上述问题，建议进一步完善离婚救济法律制度：其一，应当正确评估家务劳动的价值，增加离婚经济补偿制度的可操作性。在立法上确定家务劳动的价值参照因素，以便在实践中能够更加科学、准确地计算家务劳动价值，以保证承担更多家庭义务的一方能得到合理的补偿。其二，放宽经济帮助的适用范围，将离婚后经济援助的标准由生活绝对困难调整为相对困难，确定经济援助的形式，完善相关细节。其三，适当放宽离婚损害赔偿的证明标准，确立高度盖然性的标准，降低无过错方的举证压力；提高离婚损害的赔偿标准，确定赔偿数额的参考因素。通过立法和司法实践两个方面的共同努力，可以使离婚救济制度更好地发挥作用，平衡各方利益冲突，维护婚姻当事人的合法权益。

四、女性继承权的法律救济

（一）女性继承权的现有法律救济途径

我国为保护女性的财产继承权已经采取了各种立法措施，但在实践中，女性的财产继承权依然未能得到完全的实现，这主要表现在以下几个方面：①受传统观念影响，已婚女性的继承权容易受到其兄弟的侵犯，她们很难继承父母的财产，更遑论公平公正，这种现象在农村地区较为严重；②丧偶妇女，即便履行了赡养责任,也很难继承公婆的遗产;③丧偶妇女很难继承亡夫的遗产;④丧偶妇女再婚后,财产继承权也容易受到侵犯。为了实现男女平等,我国在法律上早已对妇女的财产继承权作出了明确规定,力图在立法层面保障妇女的平等继承权。但由于长期以来的文化惯性,女性继承人的继承权益仍然容易受到伤害。目前,女性在继承权受到侵害时,可以选择的救济途径相当有限,而被侵权的女性基本上也不愿意与亲人"对簿公堂",往往是选择居委会(村委会)或者族人调解。更有甚者,错误认为"子承父业"是传统,自己身为女性本就不该继承父母财产,从而导致继承权被侵害而不自知。

(二)女性继承权法律救济的完善

其一,要在立法层面上予以完善,使关于女性继承权的法律条文适应社会现实,设立特定群体遗产继承的"份额保留"制度,避免女性在财产继承上受到不公正待遇。其二,要加强普法,不断提高妇女的法律意识和维权能力,使妇女意识到自己也平等地享有继承权,而非民谚里的"嫁出去的女儿泼出去的水"。在义务教育阶段应当将男女享有平等继承权的知识纳入相应的课程,从小进行普法教育。其三,应当革除弊端,为妇女创造更多的就业机会,促进妇女经济地位的独立,使得其在家庭中拥有较为平等的发言权,能够对家庭财产的处置提出请求,合理合法地争取自身继承权益。

在执法层面上来看,一方面,要严格执行、落实国务院发布的《中国妇女发展纲要》。城市社区以及农村村委会等基层组织,要起到维护男女继承权平等的宣传作用,也要加强妇女权利保护力度,为妇女的人身权利提供保障,避免女性争取继承权时处于孤立无援的境地。另一方面，要想方设法发挥妇联的功用，使其维护女性权益特别是农村妇女权益时能切实有效，让女性在争取平等继承权时有组织、有依靠，保护女性的继承权。

结　语

男女平等，是人类对公平正义持之以恒的追求，也是构建和谐社会的必然要求。随着国家经济实力的增强，公民平等意识的觉醒和女性在各方面独立意识的提高，越来越多的女性能够认识到自己的权利并拿起法律的武器捍卫自己的权益。保障妇女权益，是实现男女平等的关键一环，需要明晰的是，救济是保障权利正常行使的根本手段，如前文所言，无救济即无权利。在当今社会中，侵害女性权益的个人或单位行为并不鲜见，但相应的救济制度缺乏执行性，导致尤其是落后地区的女性在文化教育、劳动就业、家庭生活等方面的权利较难得到保障和维护。故而笔者从实际出发，分析现有相关法律救济制度存在的不足并提出完善意见，以期实现对女性权利的保障，促进男女在真正意义上实现平等。须知，完善救济制度，切实保障女性权益绝不是一句口号，更需要我们每一位女性自强自信、知法懂法，需要每一位执法者与司法从业人员秉持公平与正义的信念，建立严格执法、公正司法的法治环境，实现全民守法的法治社会理想。

女性继承人的法律救济制度研究

"有权利则必有救济"是一句高度凝练的法律谚语,由此可见,没有权利救济的权利往往会归于空谈。财产继承问题因为关系千家万户,一直广受关注。从1985年《继承法》正式实施,到《民法典》出台,我国一直立足于发展并完善符合中国特色社会主义法治特征的继承法律制度。无论是在《继承法》,还是在《民法典》继承编中,皆明确规定:"继承权男女平等",这是对妇女财产继承权的肯定。然而,在中国当前的经济社会中,女性继承人的继承权经常受到多方面的侵犯。这些侵害行为或大或小,或有意或无意,有的是历史惯性所导致,如"子承父业";有的是当地经济基础所导致的错谬观念,如"女生外向"(女人出嫁以后就是向外的人);有的则是女性维权意识淡薄所导致。[1]笔者正是基于这一社会现实,探求继承法律体系下外嫁女、独生女、已婚妇女等女继承人权益被侵犯时,有哪些救济制度,以及它们是如何运作的。

---

[1] 王书华:"我国女性财产继承权保护的法律问题研究",载《法制博览》2016年第17期。

一、我国继承制度的历史积淀及其影响

(一)古代中国的女性继承制度

中国古代社会长期处于小农经济形态,是一个以宗法制度为核心的社会组织体系,受宗法制度的制约,形成了男性依附于家族、女性依附于男性的秩序格局。在宗祧继承制度下,继承包括身份继承和财产继承,两个方面密切关联,遵循父死子继、兄终弟及的原则世代延续。在身份继承上采取的是嫡长子继承制,而女子没有继承宗祧的资格。男女继承权的不平等是中国古代继承制度的显著特征。[1]

古代的财产继承制度从长子继承制发展到诸子平等分割的继承制,其核心都是强调男子的继承权,排除了妇女的继承权。[2]但在实践中,妇女的继承权在某些特殊情况下也会得到一定程度的承认,这符合"亲缘保护"和家庭财富内部流通的理念。例如,唐朝律法规定,如果父母亡故,兄弟在分家时,应当给未嫁女保留相当于男子聘财的一半的份额;此外,唐、宋时期的继承制度规定,在"户绝",即无子继承的情况下,女儿也可以继承。显然,古人这一立法的目的在于如果女儿的继承权没有被法律所承认,那么家庭财富可能流向不相关的外人,就会违背家庭利益、违背宗法秩序。此外,妇女财产继承权的发展,也与身份继承和财产继承的逐渐分离密切相关。由于古代社会属小农经济,具备高生产力的男性在社会中占据绝对的主导地位,只有男性享有祭祀祖先和继承门户的资格,女性不得进入祠

---

[1] 翁迪:"我国《继承法》继承权男女平等原则之反思",吉林大学2011年硕士学位论文。

[2] 姜淼:"论中国古代继承制度的演变",载《西部论丛》2019年第7期。

堂为祖先祈祷、祭祀。在这种继承制度下,身份继承和财产继承是一体的,不能分开,所以妇女绝对没有继承的可能。到了封建社会末期,社会思潮涌动,身份继承和财产继承的分离,使得妇女有可能获得与其身份无关的财产继承。因此,在男权统治的古代社会,女性的财产继承权与"身份继承与财产继承分离""家庭财富不外流"和"家庭延续与血脉传承"等历史文化现象密切相关。[1]

(二)中华人民共和国成立以来我国继承制度的发展

中华人民共和国成立后,中国妇女的地位发生了根本性的变化。宪法作为国家根本大法,始终坚持男女平等的原则。"五四宪法"便规定了妇女在政治、经济、文化、社会和家庭生活各方面享有同男子平等的权利,这一原则在宪法的历次修改中始终得到贯彻。男女继承权平等,是宪法中男女平等原则的重要内容。

1986年的《民法通则》规定,男女享有平等的民事权利。这无疑表明,法律承认男女在继承权方面的权利平等,不可有所偏废。1985年4月10日,第六届全国人民代表大会第三次会议通过了《继承法》,这是中国自1949年以来的第一部继承法,妇女的财产继承权在《继承法》中多有体现,该法在法定继承、遗嘱继承、遗赠、继承人的范围、顺序和份额等方面都作出了具体规定。

1995年《妇女权益保障法》规定,"国家保障妇女享有与男子平等的财产权利";"妇女享有的与男子平等的财产继承权受法

---

[1] 苏康宇、曾桂芳:"中国古代女性继承制度研究",载《法制博览》2017年第17期。

律保护";"在同一顺序法定继承人中,不得歧视妇女";"丧偶妇女有权处分继承的财产,任何人不得干涉";"丧偶妇女对公、婆尽了主要赡养义务的,作为公、婆的第一顺序法定继承人,其继承权不受子女代位继承的影响"。[1]

《民法典》自2021年1月1日起施行,《继承法》同时废止。在《民法典》中,继承部分独立成编,从第1119条至第1163条,均为关于继承的内容。《民法典》继承编与之前的《继承法》《妇女权益保障法》等法律具有很强的延续性和关联性,明确规定继承权男女平等,并增加规定,配偶一方在另一方死亡后是否再婚,不影响其继承配偶遗产的权利。

(三)继承制度在民间的影响

小农经济和宗法社会下的继承制度,导致了男性拥有更多财产,而女性拥有更少甚至没有财产的模式。中华人民共和国成立以来,权利平等思想和相关法律政策愈发深入、完善,特别是《民法典》的出台,将继承独立成编,在很大程度上保障了妇女的继承权。我国的法律制度从根本上确立了男女平等的地位,有效遏制了历史惯性下妇女继承权的不平等,有利于保护妇女权利,弘扬男女平等理念,在立法层面上以一种较为超前的形式保护了妇女继承权。

二、《继承法》体系下女继承人的权益现状

以城乡二元制为视角,分别叙述城市地区与农村地区女性继承人的权益现状,并予以比较分析。

---

[1]《妇女权益保障法》第30条、34条、35条。

（一）农村地区女性继承人的权益现状

1. 外嫁女及本地已婚妇女均难继承遗产

中国的传统婚俗是以夫为主的结婚模式，也就是说，女人结婚后通常和男人一道承担男方家庭义务，而对原生家庭不承担义务，即民谚"嫁出去的女儿，泼出去的水"。在这种社会关系下，女性的兄弟将会主要地负担赡养老人义务，父母的遗产顺理成章由子女中的"子"继承。而农村已婚妇女放弃原生家庭继承权不一定是出于她们自己的意愿。这种对继承权的放弃，往往是迫于传统习俗和社会环境的压力。同时，由于农村妇女受教育程度低，她们保护自身权利的意识相对薄弱，相当多的已婚妇女不知道她们在原生家庭中享有合法的继承权，更不用说运用诉讼或其他法律救济手段实现和维护她们的继承权了。此外，即使一些妇女了解法律的相关规定，但由于受到习惯、风俗的影响，她们在维护其财产继承权方面也会力有不逮。有鉴于此，迫切需要提高妇女的法律意识，加强对相关法律知识的宣传和普及，目的不仅是让她们了解法律，更重要的是增强她们的权利意识和自救能力，从而从根本上提高妇女的社会地位和话语权。

2. 丧偶后的儿媳无法主张对配偶遗产、公婆遗产的继承权

《民法典》规定，丧偶的儿媳如果主动赡养公、婆，尽了主要赡养义务的，应当作为第一顺序继承人享有继承遗产的权利。然而，这一规定在农村地区几乎是无效的。人们普遍认为，丧偶的儿媳在丈夫去世后，不再婚而且赡养公、婆是必要的，也是合乎自然的，但该妇女继承死亡配偶尤其是公、婆的遗产却是不被舆论支持的。尽管法律明确规定，夫妻有权继承对方的

遗产。只要被继承人死亡前婚姻关系仍然存在,继承人在被继承人死亡后是否再婚不影响其继承权。然而,在农村地区特别是宗族文化浓厚的地区,人们普遍认为,如果妇女在丈夫死后没有再婚,那么她有权继承丈夫的遗产;而一旦再婚,就不能继承遗产。甚至,更多的人分不清夫妻共同财产和遗产,导致了对丧偶妇女财产权的侵犯。[1]

(二)城市地区女性继承人的权益现状

城市地区女性继承人的权益现状要好于农村地区,但由于城市地区所继承的财产利益较大、家庭更为分散的原因,也存在着女性继承人的权益被侵犯的情况。

1. 兄弟侵犯已婚女性继承权益

与农村女性一样,城市女性同样面临着继承权被男性侵犯的问题。不同的是,城市女性的继承权主要受到家庭中兄弟的侵犯。通常在父母去世后,没有留下遗嘱,女性的兄弟往往垄断财产,或者将父母留下的财产在兄弟之间分配而不包括女儿。一旦女儿主张继承权,兄弟就会联合起来压制姐妹的主张。即使女性强烈主张继承权,其兄弟往往也不会依法办事。结果往往是诉诸公堂,导致双方关系破裂,亲情疏远,甚至一些兄弟姐妹为争夺遗产,导致家庭之间出现暴力悲剧。相对而言,城市家庭的遗产比农村家庭的遗产更有价值。在利益面前,人性自私的一面往往占上风,每个人都想尽可能多地占有财产,妇女的权利经常被"顺理成章"地忽视或弱化。尽管城市中的男女平等程度高于农村地区,但这种关系在利益面前也

---

[1] 房绍坤:"继承制度的立法完善——以《民法典继承编草案》为分析对象",载《社会科学文摘》2020年第2期。

往往显得脆弱、无效。与农村地区不同，城市妇女大多数都能意识到她们在继承中的地位与权利。然而，由于自古以来"养儿防老"的观念至今依然影响广泛，当男子确实在某种程度上承担了更多赡养父母的责任时，已婚妇女往往不愿积极主张继承权。一般来说，在现代社会中，如果儿子主要承担更多的赡养义务，他们确实需要给老人付出更多的时间、金钱和感情。自然，父母也会有倾向性地将他们的财产分配给那些为赡养自己尽责更多的人，这一现象虽有悖于男女平等理念，却是客观存在的。

2. 再婚影响丧偶女性继承权益

如上所述，《民法典》继承编规定，如果配偶一方死亡，另一方的财产继承权不受再婚与否的影响。然而，传统观念仍然影响着人们的态度和行为。在现实生活中，即便是风气较为开化的城市地区，当丧偶妇女再婚时，她的继承权也可能会被她的子女，或前夫的父母、兄弟姐妹剥夺或限制。尤其是老年妇女，她们自己的经济基础大多就是薄弱的，而一旦再婚，她们的孩子会要求她们进行遗产分割，并且不允许其带到再婚的新家庭，这导致了丧偶的中老年妇女往往不愿再婚，而一旦再婚其就会由于财产被儿女争夺而生活艰难。对于此，她们也很难主张自身的权利，因为如果她们不能"顺乎情理"地满足孩子的需求，那么她们将面临孩子拒绝赡养的"晚年危机"。因此，当丧偶妇女再婚时，往往会被动地失去继承权。

（三）城乡地区女性继承人的权益比较分析

城市和农村妇女在财产继承方面都面临困难，双方有许多共同点，但也有各自的特点。对于农村妇女来说，她们需要解决的第一个问题是"知法"，了解法律对她们的权利有什么样的保护，以及法律允许她们获得什么样的利益。然而，"知法"并不仅仅意味着知识上的"知"，更是在思维方式上的"知"，即懂得运用法律武器保护自身权利。其次，"男尊女卑"和"重男轻女"的落后观念在农村仍有广泛影响，这一观念就像一张大网，不仅束缚了农村妇女，也束缚了农村男子。在这种观念的控制下，农村男子容易不自知地侵害其母亲、妻子和女儿的继承权益，并且久而久之也会形成反噬，如在某些地区死灰复燃、价格畸高的"天价彩礼"现象。又如，丧偶的母亲抚养未成年子女时家庭负担沉重，而由于继承权及夫妻共同财产受到侵害，难免会使其陷入困境，无法为下一代提供更好的成长环境。需要指出的是，女性贫困特别是"母亲贫困"影响深远，因此，尊重妇女在家庭中的贡献、保护妇女权利、提高妇女地位、实现男女在财产继承方面的平等尤为迫切。因此，有必要加强农村地区关于妇女继承权和男女平等的宣传，使妇女和男子都能认识到保护妇女继承权就是保护年轻一代的未来和家庭的未来。此外，就妇女本身而言，农村妇女的教育水平往往较低，受到自身素质条件的限制，许多农村妇女缺乏良好的工作机会，这在很大程度上限制了妇女的自由和个人发展。在发展被限制之后，农村妇女很难拥有独立的财产权，所以她们较难获得自我独立和经济自主。从差异平等的角度来看，妇女应享有与男子平等的财产继承权，甚至可以说，因为妇女的社会地位低于男子，立法应从保护弱者的角度出发，给予妇女某种程度上的优惠。

虽然现代城市妇女已经可以更广泛地参与社会生活和生产，并获得了政治权利、就业权利、受教育权利、婚姻自主权利、继承权利等。但在现实生活中，仍然存在着男女不平等和对妇女的歧视，极大地阻碍了妇女的自由和全面发展。对于城市妇女来说，她们的社会地位和综合素质相较于农村妇女有很大的优势，越来越多的女性熟悉法律中关于夫妻财产公平分割、男女继承权利平等的制度内容。许多城市妇女知道她们在财产继承方面的权利，但是几千年来社会角色的划分，使得即便在城市，妇女和男子依然没有实现实质性的平等。例如，妇女不得不做更多的家务，从而失去了个人职业发展和增加经济收入的机会；尽管妇女知道她们的权利，但是当她们因权利受到侵害而寻求救济时，依旧有许多人缺乏足够的能力和决心。从某种程度而言，法律规定本身依然尚不完善，这使得妇女在维护其继承权方面依旧处于不利地位。因此，对于城市女性来说，在财产继承方面，更重要的是相关立法如何能够从实质公平的角度给予女性更多的财产继承权保护。

三、侵犯女性继承权的常见方式及构成要件

上文分析了女性继承权的现状，社会生活中侵犯女性继承权的方式多种多样、极易发生。因此，总结侵权类型，认定侵犯继承权的构成要件并寻找相关救济途径，成为解决侵犯继承权案件的办法之一。有鉴于此，笔者对最为主要的两类继承——法定继承与遗嘱继承进行了探讨，分析法定继承权和遗嘱继承权的侵权现象，从而给出相应的救济机制，并完善救济办法。

（一）侵犯女性继承权的构成要件

在认定侵害女性继承人的继承权时，应当注意以下几项构成要件：

首先，必须有相关人的侵权行为。如死者的叔伯兄弟或其他没有继承权的人，为自身利益而侵犯继承人的继承权；又如共同继承人之间相互侵权。共同继承是指两个或两个以上继承人，依法对被继承人遗产进行继承。共同继承人是在共同继承中享有和行使既得继承权的几个继承人。当继承开始后，共同继承人依法分割遗产，若其中一些继承人非法增加他们的遗产份额，减少其他共同继承人的遗产份额，或占有人拒绝分割遗产造成其他继承人权利的损害等，这些都构成对其他共有人继承权的侵犯。前文中述及的，作为子女的兄弟姐妹，男性剥夺或减损女性继承权利即属于共同继承侵权。

其次，必须有相应的损害结果。损害结果不仅是认定继承权受侵害的标准，也是侵权损害赔偿法律关系发生和法律救济展开的依据。损害主要是指损害结果，即受害人因他人的有害行为（侵权行为）或事物固有危险的实现而遭受人身或财产不利后果。损害可分为财产损失和非财产损失。简而言之，在民事法律关系中，权利主体享有的民事权利主要分为财产权和人身权。一般来说，损害行为是针对受害人的财产权益的，通常会导致受害者的财产损失；侵害受害人的人身权益则通常会导致非财产损害（如精神损害）。在继承的法律关系中，对继承权的侵犯，既有可能对继承人造成财产损害也有可能造成精神损害。例如，侵犯具有特定纪念意义的遗产、继承人因被其他继承人隐瞒而不能参加被继承人的追悼会、继承人不能在死者的墓碑上镌名等，无疑是精神和物质的双重伤害。

最后，关联人的侵权行为与继承人的损害结果之间存在因果关系。在侵犯继承权的行为构成要件中，侵犯继承权是原因，损害是结果，它们之间的关系是民法上的因果关系。在侵权责任构成要件理论中，因果关系是指损害结果与损害原因之间的关系，是确定各种法律责任之间如何归属的基础。在侵犯继承权中，如果原因导致结果的效力标准不同，行为认定的结果也会不一样，从而导致救济的方式和手段也会不同。

（二）法定继承时侵犯女性继承权

法定继承是指继承人根据法律直接规定的继承人的范围、顺序和份额，接受被继承人的财产等权利，在份额内偿还被继承人债务、管理遗产等义务。根据《民法典》"继承编"的规定，对法定继承权的侵害可以请求解除，即被侵害人有权要求遗产返还。同时，继承权也是《民法典》"侵权责任编"的保护对象，可以要求侵权人承担停止侵权、返还财产或赔偿损失的侵权责任。

具体来说，对继承权的侵害主要表现为：①配偶与子女之间的侵害。根据我国的传统习俗，死者是父母中的一方，而另一方配偶仍然存在，那么往往不会进行遗产分割，而只有在夫妻双方都死亡之后，作为第一顺位继承人的父母、子女才能继承。在这种传统习俗影响下，配偶单方死亡后，遗产通常一直由另一方控制。在这一过程中，由于重男轻女、养儿防老的思想，配偶通常会将全部遗产理所当然地视作自己的财产，并通过遗嘱的方式处置超出其继承份额的部分，这在很大程度上侵犯了女性继承人的继承权。而一旦女性继承人向尚存的一方父母主张继承权利，则极容易被社会舆论指责为不孝、无耻的人。②未成年女性继承权受到的侵害。未成年女性的继承权容易受到侵害，一旦侵害发生，她们的权利将更加难以得到救济。一般来说，对未成年女性的侵害更多地体现在代位继承上。当代位继承发生时，共同继承人、未成年人的监护人和其他非继承人可能成为侵权行为的主体。[1]③丧偶的儿媳的继承权受到侵害。依照《民法典》"继承编"的规定，丧偶的儿媳和丧偶的女婿如果履行了赡养配偶父母的主要义务，则应被视为第一顺序继承人。这一法律规定确认了丧偶儿媳和女婿的继承权，其他人否认他们的继承权则构成对继承权的侵犯，但在现实中，丧偶的儿媳或者女婿即便履行了赡养配偶父母的主要义务，也较难获得其应继承的遗产，这一点在农村地区尤为常见。

（三）遗嘱继承时侵犯女性继承权

遗嘱继承是指继承人根据被继承人合法有效的遗嘱，依法继承被继承人遗产的一种继承方式。通常继承人及其在遗嘱中的份额安排、财产分割是非常明确的，因此在此种继承模式下，非继承人或共同继承中的一些继承人对女性继承权的侵犯显得更容易识别。

具体来说，遗嘱继承中侵犯女性继承人权益的方式主要有两种类型：①立足遗嘱文本的侵犯。这种侵权行为主要表现为，相关继承人以欺诈、胁迫的手段强迫、阻止被继承人生前订立遗嘱、变更遗嘱或者撤销遗嘱，又或者相关继承人伪造、变造或者毁灭遗嘱。上述方式使得遗嘱内容违背被继承人本意，进而影响女性继承人在继承财产时的方式和份额，甚至能够影响被继承人与女性继承人之间的情感关系，同时损害其人格与继承权

---

[1]李荣："浅谈转继承制度法律适用困境及解决建议"，载《中国公证》2016年第11期。

益。②立足遗嘱执行的侵犯。这种侵权主要包括相关继承人或其他关系人强行占有遗产，拒不执行遗嘱、阻碍继承人实现继承权利的情形。在宗族色彩较为浓厚的农村地区，即便父母开明，订立了继承权平等的遗嘱，也难以保证女儿的继承权不受到叔伯兄弟等男性继承人的侵害。

四、女性继承权受到侵害时的民法救济

女性继承权受到侵害时，可以依法提起民事诉讼，行使诉讼权利有困难的，可以寻求法律援助。

（一）现有救济途径

1. 依法诉讼，自行主张请求权

从我国目前的立法状况来看，当妇女的继承权受到侵害时，继承人可以根据《民法典》"继承编"的规定，依法请求保护自身的继承权，也可以在一定条件下行使返还不当得利的请求权。《民法典》"侵权责任编"为继承权的保护提供了新的请求权依据，受害人可以依据《民法典》"侵权责任编"行使侵权请求权，这为女性平等继承权的保护提供了法律依据。继承权受侵害的请求权，是我国继承权保护中具有相当重要地位的请求权，在继承权保护中占有重要地位。

总之，三项并举、多法联动，当女性继承人的继承权受到侵害时，可以选择请求继承权、不当得利返还请求权、侵权责任等公力救济途径，也可以实现一定程度的自力救济，如自主协商或通过乡邻、亲友、社区工作人员调解劝说等。

2. 发挥社会救助体系效能

在现实生活中，当妇女的继承权受到侵犯时，妇女往往不愿意选择通过诉讼来解决，因为她们担心通过诉讼来解决这类纠纷可能会将亲属关系置于危险的境地。此外，诉讼在公众眼中仍然是一件不光彩的事情，亲属会因为遗产纠纷而面临来自社会、邻里的强大公众压力、舆论压力。不少地方的传统观念认为，父母去世后，子女之间去法院，用诉讼方式分割财产是极其不孝的表现，这将对女性未来的生活、社会评价产生诸多不利影响，也将带来诸多精神负担。因此，还需要发挥社会救助体系效能，当妇女的继承权受到侵害时，除了采取相应的诉讼救济渠道外，她们还可以向妇联申请干预。妇联设有权益部，可以帮助受到侵害的妇女，切实维护她们的合法权益。与此同时，妇联成立了专门的保护妇女权益的法律援助机构，有一批了解妇女、有同情心、有较高专业水平的律师保护妇女权益，为妇女提供咨询和法律援助，以改变妇女不敢起诉、不愿起诉的现状，让妇女在相关机构的帮助下拿起法律武器，维护妇女应享有的包括继承权在内的合法权益。如果妇女有经济困难或有特殊情况，也可根据相关法律法规获得法律援助；在诉讼费用方面，应给予经济困难的妇女免交、少交或延缓交纳等政策帮助。

（二）创新救济途径，完善"特留份额"制度

必须正视的是，在当前的老年群体中，重男轻女的观念根深蒂固。因此，在尊重遗嘱自由的同时，有必要建立"特留份额"制度。特留份额制度，主要是指立遗嘱人不能任意取消或改变特定继承人所应拥有的遗产份额，否则对遗产相应部分的

处分无效。特留份额制度的实质是对遗嘱自由权的限制。一方面，法律规定公民有立遗嘱的自由，但遗嘱自由不能成为损害弱势群体利益和违背公序良俗的借口。另一方面法律同时也要对特定继承人的继承利益实行强有力的保护。目前我国《民法典》中对特留份额的规定，主要体现在第1141条和第1155条，必须为缺乏劳动能力又缺乏生活来源的继承人，以及胎儿保留必要的遗产份额，当胎儿娩出时为死体的，保留的份额部分按照法定继承办理。但我国的特留份额制度目前存在权利主体范围狭窄、特留份额不明确等问题，在实践中也出现了一些争议性案件。如四川泸州"第三者"继承案中，被继承人黄某将全部财产遗赠给第三者，既侵害了配偶的共同财产权和继承权，同时也违背了社会公序良俗。为此，笔者建议应当扩大特留份额的权利主体范围，至少应当涵盖尽了主要赡养义务的丧偶儿媳、丧偶女婿这一特殊群体。特留份额制度对女性继承权意义重大。由于该制度具有强制性功能，在这一制度下，除非特定继承人明确放弃，否则任何人不得以任何方式剥夺其遗产继承权。这样一来，可在很大程度上保证女性继承人不会因"重男轻女""女生外向"等落后观念而被排除在遗产继承名单之外。同时，对于特留份额的份额标准，具体是参照当地经济水平和继承人的实际生活需要确定，还是按照遗产的数额，将遗产按照遗嘱指定继承人与特定继承人的人数进行分割，由特定继承人拥有其中一份的方式来确定，在实践中也存在很大争议，应当通过司法解释予以明确。

结　语

继承制度伴随着人类社会的发展历程而演变，女性从依附于男性到人格独立、经济独立，实现了巨大的飞跃。女性继承权的实现不仅关乎妇女的权益保护，更关乎社会的公平与稳定。笔者以我国女性财产继承权为研究对象，分析了城乡女性在继承权方面受到侵害的共性与特点，并对其原因进行了思考和梳理。结合我国女性财产继承权实现中存在的问题，提出了通过完善法律制度、强化社会救助功能、重塑性别文化等多措并举的方式，对女性继承权施以充分的保护，才能促进男女继承权由形式平等达到实质平等。

参考文献

一、学术著作

[1]中华全国妇女联合会妇女运动历史研究室：《中国妇女运动历史资料（1921—1927）》，人民出版社1986年版。

[2]蒋修贤：《论我国男女平等的法律保护》，中国社会科学出版社2006年版。

[3]薛宁兰：《社会性别与妇女权利》，社会科学文献出版社2008年版。

[4]中央档案馆编：《中共中央文件选集》（第4册），中共中央党校出版社1989年版。

[5]中央档案馆编：《中共中央文件选集》（第5册），中共中央党校出版社1990年版。

[6]《毛泽东选集》（第2卷），人民出版社1991年年版。

[7]周安平：《性别与法律——性别平等的法律进路》，法律出版社2007年版。

[8]吴宁、岳昌智编：《女性权利的法律保护》，同济大学出版社2010年版。

[9]房宁主编：《中国政治参与报告（2015）》，社会科学文献出版社2015年版。

[10]魏敏：《社会性别视角下的劳动法律制度》，江苏大学出版社2010年版。

[11]金一虹：《独立女性：性别与社会》，中国劳动与社会保障出版社2009年版。

[12][美]罗纳德·德沃金.《至上的美德：平等的理论与实践》，冯克利译，

江苏人民出版社2003年版。

[13][美]谢丽斯·克拉马雷、[澳]戴尔·斯彭德：《国际妇女百科全书》（上），国际妇女百科课题组译，高等教育出版社2007年版。

[14][美]朱迪斯·贝尔：《女性的法律生活——构建一种女性主义法学》，熊湘怡译，北京大学出版社2010年版。

[15][美]E.博登海默：《法理学：法律哲学与法律方法》，邓正来译，中国政法大学出版社2017年版。

二、期刊论文

[1]杨慧："新中国成立以来我国促进妇女就业的法律政策进展"，载《中国妇运》2019年第8期。

[2]赵虹君："中美妇女权益保障法比较研究"，载《"全球化与人的发展"国际学术研讨会论文集》2005年。

[3]彭玉凌："论性别平等的宪法保护"，载《成都大学学报（社会科学版）》2010年第2期。

[4]陈玥："论女权主义法学及对中国立法的启示"，载《法制与社会》2010年第2期。

[5]曹刚："论中国现有离婚救济制度之缺陷与完善"，载《中山大学学报论丛》2005年第1期。

[6]杜嘉雯、崔越群："受教育权的宪法保障与救济制度研究"，载《新西部（理论版）》2017年第3期。

[7]孙军英："论我国公民平等受教育权的行政法保护"，载《教育理论与实践》2019年第19期。

[8]靳楠："性别平等视野下我国就业性别歧视问题研究"，载《劳动保障世界》2019年第9期。

[9]王利明："民法典人格权编性骚扰规制条款的解读"，载《苏州大学学报（哲学社会科学版）》2020年第4期。

[10]阿计："反家暴立法的未决难题"，载《海南人大》2017年第7期。

[11]程伟鹏："对夫妻生育权冲突下女性一方权利保护研究"，载《法制与社会》2018年第6期。

[12]刘延东："在纪念北京世妇会20周年深入贯彻男女平等基本国策大会上

的讲话",载《中国妇女报》2015年10月14日。

[13]李红芹、杜旭忠:"人大代表构成分析与思路优化",载《湖北省社会主义学院学报》2018年第2期。

[14]陶东杰、军鹏、张克中:"家庭规模、资源约束与子女教育分布——基于CFPS的实证研究",载《华中科技大学学报(社会科学版)》2017年第2期。

[15]郑锡龄:"'新时代中国特色妇女权益保障的制度与实践'学术研讨会综述",载《妇女研究论丛》2020年第1期。

[16]黄桂霞:"女性生育权与劳动就业权的保障:一致与分歧",载《妇女研究论丛》2019年第5期。

[17]王书华:"我国女性财产继承权保护的法律问题研究",载《法制博览》2016年第17期。

[18]苏康宇、曾桂芳:"中国古代女性继承制度研究",载《法制博览》2017年第17期。

[19]房绍坤:"继承制度的立法完善——以《民法典继承编草案》为分析对象",载《社会科学文摘》2020年第2期。

[20]李荣:"浅谈转继承制度法律适用困境及解决建议",载《中国公证》2016年第11期。

[21]甘培忠、马丽艳:"遗嘱信托:民法典视阈下的新思考",载《检察日报》2020年10月27日。

[22]李晓燕、巫志刚:"教育法规地位再探",载《教育研究》2014年第5期。

[23]李新、杨杨、蒯思瑶:"教科书中不同性别榜样的特性及启示——基于苏教版小学语文教科书的分析",载《南京晓庄学院学报》2018年第1期。

[24]李秀玉、蔡玉洁:"质量可比的教育与居民收入关系的实证分析——基于CGSS数据的研究",载《统计学报》2020年第6期。

[25]杜旻:"农民工随迁子女教育压力及群体差异",载《河北学刊》2020年第5期。

[26]陈·巴特尔、许伊娜:"社会性别视角下中国女子高等教育的发展",

载《中国人民大学教育学刊》2017年第3期。
[27]周娟："论新时期我国女性终身教育途径之构建"，载《长春工业大学学报（高教研究版）》2010年第4期。
[28]董礼："从《第二性》看萨特对波伏娃的影响"，载《潍坊学院学报》2014年第4期。
[29]苏熠慧、王雅静："世妇会20年：性别社会学研究的回顾与展望——'2015年社会学年会'性别社会学分论坛综述"，载《妇女研究论丛》2015年第5期。
[30]张晓利、林美卿："我国女性政治参与的现状、问题与对策"，载《安庆师范学院学报（社会科学版）》2014年第2期。
[31]谈宜彦、王玉玲："机关女干部成长规律调查"，载《决策》2011年第8期。
[32]第三期中国妇女社会地位调查课题组："第三期中国妇女社会地位调查主要数据报告"，载《妇女研究论丛》2011年第6期。
[33]夏吟兰："《民法典·婚姻家庭编》男女平等原则之发展与思考"，载《中华女子学院学报》2020年第4期。
[34]季卫东："再论合宪性审查——权力关系网的拓扑与制度变迁的博弈"，载《开放时代》2003年第5期。
[35]刘娟、刘倩："妇女权益保障法对男女平等的人权关怀"，载《中华女子学院山东分院学报》2008年第1期。
[36]秦前红："论宪法变迁"，载《中国法学》2001年第2期。
[37]马云驰："《婚姻法》的变迁与社会价值观念的演变"，载《当代法学》2003年第8期。
[38]邓丽："论民法总则与婚姻法的协调立法——宏观涵摄与微观留白"，载《北方法学》2015年第4期。
[39]阮占江："代表建议修法保护夫妻共同债务中的妇女权益"，载《法制日报》2016年3月8日。
[40]周应江："以社会性别视角审视法律 以法律推进保障性别平等——《中华女子学院学报》'女性与法律'栏目15周年回眸"，载《妇女研究论丛》2011年第3期。

[41]薛宁兰:"《民法典》婚姻家庭编的权利保护新规则",载《中国社会科学报》2020年11月18日。

[42]郭慧敏、王慧芳:"女性特殊劳动权益保护的负效应分析及消解",载《河北大学学报(哲学社会科学版)》2009年第4期。

[43]齐艳英:"关于完善我国社会性别平等的法律思考",载《理论界》2007年第7期。

[44]栗阳:"女性农民工劳动权益保护问题调查与思考",载《中共乐山市委党校学报》2012年第4期。

[45]肖莎:"北欧妇女参政模式剖析",载《欧洲》1998年第1期。

[46]唐其宝:"我国女职工劳动权益保护存在问题及完善",载《长沙铁道学院学报(社会科学版)》2008年第3期。

[47]刘芃、王仁法:"浅论劳动权益保护之保护妇女劳动权益专题研讨",载《教育教学论坛》2013年第11期。

[48]叶琼:"浅析女性职工就业歧视的原因及对策",载《法制与社会(社会观察)》2013年第4期。

[49]林晓华:"浅析性别工资差异状况、成因及对策",载《现代经济信息》2016年第8期。

[50]杨丹:"对男性的性别歧视之我见",载《青年与社会》2013年第4期。

[51]潘泽泉、杨莉瑰:"女性研究范式重建知识建构逻辑与中国经验——社会性别视角下的女性发展研究",载《现代妇女(下旬)》2011年第4期。

[52]李明舜、党日红:"科学建构体现男女实质平等的新时代婚姻家庭制度——兼论民法典编纂中的女性权益保护",载《妇女研究论丛》2018年第3期。

[53]于雁洁:"我国女性就业问题研究:经济学分析视角",载《贵州社会科学》2011年第7期。

[54]薛宁兰:"新中国婚姻立法的男女平等价值观衡量",载《山东女子学院学报》2018年第1期。

[55]夏吟兰:"离婚妇女权益保障比较法研究",载《法学杂志》2003年第5期。

[56]王玉臻、刘丽荣:"我国离婚后扶养制度——与德国离婚后扶养制度相比较",载《商业文化(下半月)》2012年第9期。

[57]第二期中国妇女社会地位调查课题组:"第二期中国妇女社会地位抽样调查主要数据报告",载《妇女研究论丛》2001年第5期。

[58]官玉琴:"离婚妇女身份法以保护问题研究——基于男女平等法律制度的考量",载《中华女子学报》2012年10年第5期。

[59]樊珍云:"当今我国离婚妇女合法权益保障现状及对策",载《怀化学院学报》2010年第10期。

[60]丁素芳:"构建新型有效的离婚救济制度——兼谈妇女权益保护问题",载《闽南师范大学学报(哲学社会科学版)》2018年第3期。

[61]梁秀华:"论我国离婚救济制度的完善——以离婚妇女权益保护为视角",载《法制与经济》2020年第3期。

[62]吴才毓:"论经济控制型家庭暴力及其损害赔偿",载《武陵学刊》2017年第1期。

[63]周坤:"关于家庭暴力中女性权益保障的研究与展望",载《法制博览》2019年第23期。

[64]夏吟兰:"家庭暴力概念中的主体范围分析",载《妇女研究论丛》2014年第5期。

[65]蒋月:"我国反家庭暴力法适用效果评析——以2016—2018年人民法院民事判决书为样本",载《中华女子学院学报》2019年6年第3期。

[66]张剑源:"家庭暴力为何难以被认定?——以涉家暴离婚案件为中心的实证研究",载《山东大学学报(哲学社会科学版)》2018年第4期。

[67]慎先进、王海琴、陈月:"我国《反家庭暴力法》中人身安全保护令制度的困境与出路研究",载《三峡大学学报(人文社会科学版)》2019年第5期。

[68]彭玉凌、夏咏梅、涂利:"我国反家暴庇护所运营机制创新研究",载《延边党校学报》2018年第3期。

[69]陶晶晶:"我国妇女权益法律保护综述——以反家庭暴力法为视角",载《价值工程》2017年第4期。

[70]魏秋玲:"欧美的女权运动:从家政到国政",载《国外社会科学》

1995年第8期。

[71]孙晓梅:"'二战前'的世界妇女和运动",载《中国妇女管理干部学院学报》1993年第2期。

[72]黄桂霞:"习近平关于两性在家庭建设中作用的重要论述",载《中国妇运》2018年第12期。

[73]赵梦晗:"全面二孩政策下重新审视公共政策中缺失的性别平等理念",载《人口研究》2016年第6期。

[74]宋晓蓝:"农村妇女发展面临的现实困境及对策",载《中共云南省委党校学报》2007年第5期。

[75]莫洪宪:"论我国立法中的社会性别意识",载《武汉大学学报（哲学社会科学版）》2007年第5期。

[76]孙晓红:"消除对妇女一切形式歧视公约：保障妇女权利的宪章",载《人权》2016年第2期。

[77]马忆南:"男女平等的法律辨析——兼论《妇女权益保障法》的立法原则",载《中华女子学院学报》2004年第5期。

[78]夏国美:"就业竞争中的性别歧视和社会平等",载《社会科学》2001年第5期。

[79]董科鹏:"妇女权利保护的法律演进过程中法律价值的冲突与转变——以美国英美法系案例分析为视角",载《赤峰学院学报（汉文哲学社会科学版）》2011年第12期。

[80]蔡定剑:"宪法实施的概念与宪法施行之道",载《中国法学》2004年第1期。

[81]费善诚:"试论我国违宪审查制度的模式选择",载《政法论坛》1999年第2期。

[82]周安平:"《反家庭暴力法》亟须解决的几个问题——对《反家暴法（草案）》的分析",载《妇女研究论丛》2015年第3期。

[83]王楠:"我国反家庭暴力立法的现状反思与制度完善",载《重庆理工大学学报（社会科学）》2018年第6期。

[84]徐志国:"罗尔斯的平等思想研究——兼与功利主义、德沃金比较",载中国理论法学研究信息网。

[85]王珺:"《最高人民法院关于审理涉及夫妻债务纠纷案件适用法律有关问题的解释》规定之'夫妻共同债务'解析",载《成都理工大学学报(社会科学版)》2019年第4期。

[86]刘晓辉:"男女平等价值观的理论内涵解析",载《山东女子学院学报》2017年第5期。

[87]李奕潇:"浅论宪法对妇女权利的保障",载《理论与实践》2013年第6期。

[88]徐爽:"妇女平等权的立法保护与性别预算",载《现代法学》2012年第1期。

三、学位论文

[1]张鑫:"社会性别视角下我国离婚夫妻财产权益平衡机制研究",西南政法大学2019年博士学位论文。

[2]汪清源:"我国法定夫妻财产制完善研究",安徽大学2020年硕士学位论文。

[3]曾彦平:"我国《反家庭暴力法》中被害人救济机制研究",新疆大学2019年硕士学位论文。

[4]杨爽:"我国妇女权益法律保障问题研究",东北大学2014年硕士学位论文。

[5]倪萍:"我国劳动法律关系中的社会性别平等问题研究",上海师范大学2019年硕士学位论文。

[6]郭育宁:"女性权利的宪法保护——以平等权为视角",甘肃政法学院2012硕士学位论文。

[7]马彦芳:"论宪法中的妇女权利",西南政法大学2010年硕士学位论文。